大名左遷

岡崎守恭

文春新書

1374

まえがき——改易と転封

信長が企図

大名を統制する最強の手段は改易《かいえき》（取り潰し）と転封《てんぽう》（国替え）である。

転封には石高を削る減知の一方で、逆に石高が膨らむ加増もあるから、必ずしも左遷だけではない。が、先祖伝来の営々と培ってきた土地から切り離し、いやおうなく未知の土地に行かせるのだから、統制とは言っていいだろう。

これを企図したのが織田信長、実行したのが豊臣秀吉、完成させたのが徳川家康である。

信長は覇権が進む過程で、方面軍とも言うべき軍団を指揮する重臣を遠隔地に国替えし、一門や側近を近隣に配置し始めた。

例えば武田氏が滅亡した後、北伊勢を領有していた滝川一益《かずます》は上州への国替えを促され、厩橋（前橋）城に入った。

明智光秀も秀吉の支援で中国地方に向かうのに先立ち、まだ毛利氏の領地で、これから切り取ろうとする出雲、石見の二か国を与えるが、その代わりに光秀が艱難辛苦の果てに平定した丹波と本拠地の滋賀郡（近江）は召し上げると信長から通告されたといわれる。これが「本能寺の変」の一因になったともいう。

北陸地方を担当していた柴田勝家も越後の上杉氏に勝利すれば、その跡に据えられたことが想定できる。

秀吉はこの頃から自分はいずれ一国の一年分の兵糧だけをもらい、それで大陸の明に討ち入ると大言壮語していたと伝えられるが、信長の意図を見抜いていたのだろうか。

秀吉が実行

その秀吉は北條氏の小田原征伐を果たし、天下統一に手が届くと、家康を永年の地盤である東海地方から引きはがし、関東地方に移した。

家康の支配下にあった三河、遠江、駿河、甲斐、信濃の五か国は合わせて百万石余りで、関東の二百四十万石は倍増以上。とはいえ北條氏が治めていた〝敵地〟であり、家康の勢いを削ぐとともに、秀吉の本拠地である上方から遠ざける意図があったのは言うまでもない。

家康の跡には信長の次男の信雄を入れるはずだったが、父祖の地である尾張を離れることを嫌がったため、改易されてしまう。代わりに秀吉の子飼いの池田輝政（三河吉田）、田中吉政（三河岡崎）、山内一豊（遠江掛川）、堀尾吉晴（遠江浜松）、中村一氏（駿河府中）らが五万―十五万石で続々と入った。

秀吉は東北地方も平定し、伊達政宗の会津を取り上げて、蒲生《がもう》氏郷を大幅に加増して伊勢から移した。氏郷が死去すると、蒲生家を会津から出し、その跡に上杉景勝を越後から転封させた。いずれも家康の「抑え」とするもので、全国で頻繁に国替えを実施して、豊臣政権の安定、安全のための体制を整えた。

家康が完成

実際、景勝は秀吉の死後も家康の「抑え」となり、対決の姿勢を打ち出した。石田三成がこれに呼応して上方で兵を挙げるが、反転した家康が「関ケ原の戦い」で圧勝してしまう。

家康はその後の論功行賞で敗北した西軍の領地を没収（大幅な減知も含む）、豊臣家の直轄地を含めて、それを味方した東軍の諸将に大盤振る舞いした。ただし豊臣恩顧《おんこ》の大名は江戸、京・大坂から遠い場所に移し、その周りに徳川譜代の大名を配した。空前絶後の大規模な国替えで、これをてこに家康が天下人への歩みを始めたのは周知の通りである。

その後は江戸時代になっても、改易、転封は事実上、徳川将軍家の思いのままに進められた。ここから「鉢植え大名」という言葉が生まれる。大儒の荻生徂徠がこう評したと伝えられる。つまり大名は自在に植え替えられる鉢の木のようなものだというわけである。

徳川幕府の創成期の改易は多く、二代秀忠が五十五件、三代家光が五十七件、四代家綱が二十六件、五代綱吉が四十五件。転封も年代で見ると、別表の通りで、四代家綱の時だけが少ないが、後は改易と同じ高水準である。

四代家綱が転機

四代家綱の代が少ないのは武断政治から文治政治への時代の変化に沿ったものである。

江戸城の天守閣は家康、秀忠、家光の三代は自分の権力の象徴として銘々が独自に造った。秀忠、家光は前代の天守閣を取り壊して、新たに建てたのである。

家綱の時には「明暦の大火」で焼失してしまったのに、家光の異母弟の保科正之の献策

江戸時代の大名の転封数一覧

	外様	親藩・譜代		外様	親藩・譜代
慶長	15	22	延享	0	15
元和	33	71	寛延	0	11
寛永	21	82	宝暦	0	12
正保	3	15	明和	1	9
慶安	1	20	安永	0	4
承応	0	0	天明	0	2
明暦	0	2	寛政	0	2
万治	1	3	享和	0	0
寛文	3	23	文化	1	3
延宝	0	12	文政	0	6
天和	2	23	天保	1	4
貞享	0	15	弘化	0	3
元禄	8	60	嘉永	0	0
宝永	3	24	安政	0	0
正徳	1	14	万延	0	0
享保	0	33	文久	0	1
元文	0	1	元治	0	0
寛保	0	6	慶應	0	3

＊藤野保『新訂 幕藩体制史の研究』『大名と領国経営』より

で、天守閣を再興しなかった。もう天守閣は無用として、その費用を江戸の街の復興に充てたのである。

これが時代の変化の象徴である。

具体的な施策としては「末《まつ》期《ご》養子の禁」を緩めたことが大きい。それまで改易の理由としては無《む》嗣《し》絶家《ぜっけ》、つまり後継ぎの子供がいないというのが最多。養子をあらかじめ幕府に届け出て、許可を得ていなければならなかった。

早々と養子を決めると、後

から実子が生まれて、お家騒動にもなりかねず、タイミングが難しかったが、幕府は藩主が危篤になってからのような養子、つまり末期養子を認めず、これを改易の名分に使った。

ところがこれによって浪人がどんどん増え、浪人を糾合して幕府の転覆を図ろうとした「由井正雪の乱」なども発覚して、社会の不安定要因になってきたことを懸念、この規定を緩めた。

次の五代綱吉の時に再び改易や転封が増えているが、これは果断な綱吉の性格や、もともとの正嫡ではなく、家綱が子なくして死に、弟が横から入った形で将軍になった経緯から、権威をことさら示さなくてはならなかった政治的な立場の反映と言っていい。

流れは変わらず、その後は急減、外様大名はほとんど対象にならなくなっていった。

譜代の国替え続く

ただし親藩、譜代大名は別で、特に転封はずっとそれなりの件数が続く。これは例えば姫路などの要衝は幼少の藩主には任せないという幕初からの基軸が貫かれていたことや、幕閣の中枢である老中などになると、江戸の近くに領地を移すことが多かったからである。

逆に幕閣での失政などがあれば、懲罰として減封を含む転封が行われた。従って「三方所替え」といった玉突きの国替えもしばしばみられる。

　こうして改易、転封を振り返ると、簡単な記述で終わってしまうが、何しろ個人の家ではなく、何百人、何千人、何万人もいる藩の取り潰しであり、国替えである。

　そこには現代の企業、そこに勤めるサラリーマンにも通じるドラマが無数にあった。倒産、解雇、再雇用、転勤、詐欺……自殺もあれば、復活もあった。

　江戸時代は百万石の加賀藩前田家、薩摩藩島津家、仙台藩伊達家といった代表的な大藩の「お家騒動」が有名だが、当然のことながらあまり知られていない中小の大名家にも存亡の危機に直面した悲喜劇は少なくない。

生き残りの諸相

　代々、仕えた藩が主君の乱心（心神喪失の状態）で取り潰され、別の藩に何とか再仕官することができたが、落ち着く間もなく新たな主君の刃傷でまた取り潰しにあってしまい、その怒りをバネに復讐に走った家臣。同じように藩主の刃傷で取り潰されたが、辛うじて縁戚が旗本として生き残り、奮闘を重ねてついに大名に復活、それどころか幕閣のトップにまで昇りつめた家。

いわれなき風評にさらされ、同僚の出世を横目で見ながら不遇に堪え続け、藩主の心中などの深刻な事態も乗り越えて、二百年もかけて念願のポストにたどりついた家。将軍家に近い名門であるにもかかわらず、逆にそれゆえに度重なる国替えの命に翻弄され、年中行事のように引っ越しを繰り返さざるを得なかった家。

これらは多くが必死に生き抜いた例だが、近隣の藩との贈答をめぐるトラブルが引き金となって、藩主が自殺に追い込まれてしまった家、詐術師的な奇策で領地の石高を水増しし、うまく大名になりおおせたものの、虚偽が発覚して一気に転落してしまった家もある。

「大名左遷」と題してこれらの家の〝史実〟にそれぞれ分け入ってみよう。

なお幕末の「鳥羽伏見の戦い」で敗れた徳川将軍家（宗家）は新政府の命で十分の一の規模の静岡藩となる。これは最後の、かつ史上最大の「国替え」である。

大名左遷 ◎ 目次

第一章　「出世藩」から「懲罰藩」へ

——左遷の地「棚倉」

前篇：「出世藩」の時代

最初は復活の地

「T町の小さな停車場で私は下りた」

自然主義の作家として知られる田山花袋の「ある訪問」の書き出しである。

T町とは棚倉《たなぐら》町。福島県東白河郡棚倉町のことである。

江戸から北へ進むと、今の福島県から青森県にまたがる広大な陸奥国の入口に当たる。茨城県久慈郡大子町などを通って太平洋に抜ける久慈川の上流である。

若き花袋は明治二十六年（一八九三）にこの棚倉町の宮司家を訪ねた。宮司家の娘との見合いのためである。花袋はこの縁談に希望を持っていたが、破談に終わった。

その二十五年後、文壇で名を成し、大正時代に入ってから再び棚倉町に足を運んだのが「ある訪問」。

苦く甘い思い出とともに、過去を懐かしむ花袋を棚倉の地が呼び寄せたのである。

が、江戸時代、特に後期の大名にとって、「棚倉」は何としても聞きたくない地名だった。

いつの間にか懲罰的な転封で赴く「左遷の地」の代名詞になってしまっていたのである。できれば早くこの地から出たいという思いはあっても、懐かしんで再び訪れようと思うことなどがなかったのは言うまでもない。

棚倉の名は種倉が転じたもの、あるいは棚倉城の地が近津《ちかつ》明神の御玉棚をつるしたところだったからともいわれる。

「関ケ原の戦い」の後の棚倉藩は九家十七代に及び、藩主の交代が最も頻繁だった領地の一つである。

実はこの棚倉、江戸時代の初期は「左遷の地」などではなく、逆に敗者が捲土重来を期すステップになる地だった。

その第一号は立花宗茂である。

戦国時代、九州は大友氏が島津氏と並んで勢力を広げていた。この大友家を支えていたのが高橋紹運と立花道雪。宗茂の姓は立花だが、道雪ではなく、紹運の長男である。

道雪に男子はなく、立花家の家督を娘の誾千代《ぎんちよ》に譲っていた。が、道雪が宗茂の非凡さに惚れ込み、紹運に乞うて婿養子とした。

闇千代も男勝りで「当主」を任じており、迎え入れられた「婿」の宗茂との間には様々な軋轢があった。

やがて大友家は島津家に押され、当主の宗麟が豊臣秀吉を頼る。天正十四年（一五八六）から翌年にかけて、豊臣軍はこれに応えて出陣、島津軍を圧倒した。

秀吉は「九州征伐」を終えると、宗茂に筑後柳川十三万二千石を与えた。独立した大名としての立花宗茂の誕生である。

宗茂はこの恩顧を忘れず、秀吉の没後、慶長五年（一六〇〇）の徳川家康の東軍と石田三成の西軍との争いでは三成につき、家康に与した京極高次が拠る大津城攻めに加わる。

その大津城を落とした西軍の「勝利の日」。それが七十キロは離れた天下分け目の「関ケ原の戦い」での西軍の「敗北の日」だった。

大津城の開城が決まったのは九月十四日深夜、翌十五日朝に高次は城を出て、園城寺《おんじょうじ》（三井寺）で剃髪、そのまま高野山に向かった。

大津城の顚末を互いに知らぬまま、その同じ十五日朝に「関ケ原の戦い」の火ぶたが切って落とされ、わずか一日で勝負がついてしまった。

宗茂は大坂城に入り、西軍の総帥の毛利輝元に籠城しての抗戦を説く。しかし一門の小早川秀秋が関ケ原で裏切ったように、毛利にはもはやその気がない。

宗茂は憤慨して海路で九州に向かう。途中、「島津の退き口」と後に称えられる敵陣の中央突破で関ケ原を脱出してきた島津義弘と合流して柳川城に戻った。

佐賀の鍋島直茂は東軍だが、後継ぎの勝茂が当初は西軍についており、ここで家康の心証をよくしなければならない立場。直茂らの猛烈な攻撃を受けて宗茂は死を覚悟する。が、この間、上方では重臣の丹半左衛門尉が残り、宗茂の助命をかけて徳川方と交渉していた。これが功を奏し、すんでのところで赦免状が届いて、柳川城を明け渡す。

こうした降伏をした場合の常で、今度は宗茂が東軍の先鋒となって薩摩の平定に向かうが、親身になって島津家に書簡を送るなど、家康の意を受けて島津家と交渉、徳川方との和睦の橋渡しをした。

しかし領地は全て取り上げられた。宗茂は浪人となって困窮する。家臣が人夫として働いて支えたという。

宗茂は立花家を潰してしまった養子の立場であり、お家再興の運動も進めたが、なかなか思うようにはいかなかった。

多くの家臣を引き取ってもらった加藤清正や前田利長から宗茂も召し抱えたいとの申し

出もあった。しかし慶長七年（一六〇二）には妻の誾千代が死去、ますます立花家の名跡を途絶えないようにしなければならなくなった。

家康は宗茂の力量は分かっていた。そうであるがゆえに必ずしも全幅の信頼は置いていなかった気配がある。一方で後継ぎの二代将軍秀忠の側に経験と知恵のある相談役を置きたいとも思っていた。

慶長十一年（一六〇六）、宗茂は秀忠の話し相手となる御伽衆《おとぎしゅう》（相伴衆）として召し出され、ほどなく棚倉で一万石を与えられる。「関ケ原の戦い」から六年、大名として復活し、「棚倉藩」という足場ができたのである。

豊臣家が滅んだ「大坂夏の陣」では自ら戦うというよりも、秀忠に助言役として付いた。やがて家康が死去し、名実ともに秀忠の時代となって、近侍していた宗茂はますます信頼を得る。

元和六年（一六二〇）、宗茂に代わって柳川城に入った田中吉政の跡を継いだ忠政が死去、嗣子がなく改易となる。その跡に十万九千石で抜擢されたのが何と宗茂だった。「関ケ原の戦い」で西軍に属して取り潰されながら、旧領に復帰したのは宗茂だけである。立花家の柳川藩はこのまま明治まで続いた。

立花家に続き丹羽家

棚倉が再興の起点となった第二号は丹羽長重である。

木下藤吉郎、つまり秀吉が織田家の双璧だった上司の丹羽長秀の「羽」と柴田勝家の「柴」をもらって「羽柴」と名乗ったことは処世訓としても広く知られている。

そのくらい秀吉は丹羽家には恩義があった。「本能寺の変」の後、ポスト信長の勢力図を決めたいわゆる「清須会議」で、信長の孫で幼児の三法師を織田家の跡目に据え、秀吉が自らの天下取りの下地をつくることができたのも、長秀が味方してくれたからである。

だから秀吉は「賤ケ岳の戦い」で勝家を葬ると、長秀に越前、若狭などで百二十三万石もの大封を割り振っている。

ところが長秀が死去し、十五歳の長重が跡を継ぐと、もう恩義よりも自分以外の勢力を削ごうと思ったのか、あるいは若造に大領は任せられないと考えたのか、越中攻めで敵に通じた者が丹羽家の家中にいたとして、所領を十二万三千石に減らしてしまう。一気に十分の一である。

その後も何かと理由をつけて所領は減らされ、天正十五年（一五八七）には加賀松任四万石になってしまう。ついに三十分の一である。

取締役の北陸支社長からヒラの営業所長へといった趣で、親の七光りを失ったとはいえ、現代のサラリーマンでもこれほどの急降下はないだろう。

それでも長重は文句を言わず、秀吉に黙ってついていくほかはない。

さすがに秀吉も思うところがあったのか、文禄四年（一五九五）には加賀小松十二万五千石と織田家の時代の水準にまで丹羽家を戻した。

ちなみに長重の弟の仙丸も秀吉によって翻弄されている。仙丸は秀吉の弟の秀長、豊臣家のナンバーツーの養子に迎えられるが、長重の転落と軌を一にして跡取りになる道は消滅。代わりに当時は秀長の家臣だった藤堂高虎の後継ぎとして養子になったものの、実子が生まれて家督はまたもご破算となる。結局、一門とはいえ藤堂家の家臣になってしまった。後の名張藤堂家の高吉である。

やがて秀吉は死去し、家康が天下取りをにらんで上杉家の会津攻めに向かう。ここでも長重は失敗する。

隣国の前田利長が家康からの要請を受け、金沢から伏見城の救援に向かう。途中、難敵の丹羽家の小松城を避けて通り過ぎ、その先の山口宗永の大聖寺城を落とす。京への進軍を続ける前田軍にここで三成の盟友、敦賀の大谷吉継が金沢に向かって進撃してくるとの情報が入る。

実は大谷が放った策略で、虚報だったといわれる。が、前田軍はこの報せを受けて金沢に引き返す。その帰途、小松城の抑えのための部隊が丹羽軍と矛を交えてしまう。「浅井《あさい》畷《なわて》の戦い」という。

歴史上、前田家は東軍、丹羽家は西軍だったとされ、それゆえの対決ではあるのだが、実は双方とも家中は複雑で、織田家に仕えていた頃からライバル関係にあったことも加わって、丹羽家の領内の通過をめぐって疑心暗鬼から衝突してしまった。

「関ケ原の戦い」の後、両家は和解し、そろって家康の下に伺候する。しかし家康は利長には会うが、長重とは対面せず、謹慎を命じた。

金沢にいったん戻った前田家は「関ケ原の戦い」にも間に合っておらず、いわば北陸地方をうろうろしただけなのだが、家康の論功行賞では味方としての功績を評価され、大きな加増を受けた。これで江戸時代を通じた加賀、能登、越中三か国にまたがる百万石の太守、支藩を含めれば百二十万石という最大の大名の基盤を得る。

対照的に丹羽家は領地を全て没収されて改易。小松十二万五千石は前田家に与えられた。

名手が城づくり

家康は厳しい処断をしたものの、丹羽家との長い誼《よしみ》も考えたのだろう、やがて常陸古渡《ふっと》（茨城県稲敷市）でわずかながら一万石を与えた。

長重は豊臣攻めの「大坂の陣」（冬の陣、夏の陣）で小勢ながら必死に働いた。これが認められて秀忠の御伽衆に起用され、常陸江戸崎で二万石。

そして元和八年（一六二二）、立花家が出た後の棚倉に五万石で入った。

丹羽家は築城の名手として知られていた。城郭の概念を一変させたといわれる信長の安土城も普請総奉行は父の長秀だった。

棚倉藩を与えられてすぐ、長重は幕府に城をつくるよう命じられる。

当初はこの地の旧来の拠点である赤館に計画したが、城下町の建設も含めて十分な広さが得られないと判断、奥州一の宮と称した近津明神の社地に改め、寛永二年（一六二五）に着工した。

二年をかけて完成の目前までこぎつけたところで、近隣の陸奥白河に移封される。棚倉城は石垣が二の丸の一部のみで、ほとんどがまだ土塁のままだったので、新土城とも呼ばれた。

せっかく城づくりをしたのにとの思いはあっただろうが、白河への移封で所領は十万七百石と倍増した。ここでも白河城の築城に挑み、完成させている。

寛永二十年（一六四三）、子の光重の時に近隣の二本松に転じた。二本松城でも本丸に石垣を積み、三層の天守を築く大改修をした。ここで定着し、丹羽家の二本松藩はこのまま明治まで続く。

「関ケ原の戦い」で改易され、十万石以上の大大名にまで戻ったのは立花家と丹羽家だけである。

立花家も丹羽家も石高の大きさと、名門のゆえをもって、徳川幕府の下で「准国守」（国持並）という高い格式の外様大名として遇された。

ともに棚倉を出発点として、ほぼ完全な復活を遂げたのである。

譜代大名の待命藩

その後、棚倉藩は中級の譜代大名に与えられる地になる。

まずは内藤信照が摂津高槻から入封する。内藤家は三代続き、棚倉城の姿、形も整った。

本丸の堤に「時の鐘」を置き、朝、夕、時刻を伝え、棚倉藩の象徴ともなった。

外様大名の丹羽家に城を作らせ、完成すれば譜代大名を次々に入れて、周辺の大藩を監視させるという考えも幕府にあったのだろう。

この時代、京都を舞台に幕府が朝廷を統制する動きの一つである「紫衣《しえ》事件」が起きる。後水尾天皇が高僧がまとう紫の僧衣の着用を幕府の了解なく多くの僧侶に許可し、これを問題視した幕府がすべて無効にした。

この幕府の措置に大徳寺の玉室宗珀《ぎょくしつそうはく》、沢庵宗彭《たくあんそうほう》らが抵抗し、玉室は棚倉、沢庵は出羽上山に流された。内藤家は菩提所の光徳寺の傍らに庵を建て、玉室はここで三年後の赦免までひっそりと暮らした。

内藤家の三代のうちに、玉室のほかに四件、棚倉藩の預かりとなった例があり、これが棚倉藩が「配流の地」という印象も持たれるきっかけとなった。

寛文十二年（一六七二）、棚倉の城下は大火で焼き尽くされた。藩財政は一段と悪化、財政家の松波勘十郎を招いて、立て直しに着手するが、農民との軋轢を生み、罷免の要求に藩が屈する形で失敗に終わっている。

松波は当時、「勘者」と呼ばれた。算勘の者の意である。

この後、大和郡山藩の本多家、備後三次藩の浅野家（浅野内匠頭の妻、瑶泉院《ようぜいいん》の実家）、水戸藩に相次いで招かれて藩財政の改革に取り組むが、名声の割には実績は残していない。水戸藩では解任されただけでなく、罪に問われ、獄死している。

内藤家の後は太田資晴。寺社奉行、若年寄と累進し、上野館林に移封、大坂城代になる。四十六歳で早死にしなければ、次は老中が見えただろう。

太田家の後は松平武元《たけちか》。将軍家と血のつながる家門で、これも館林に転じて、老中首座にまでなった。吉宗、家重、家治の三代の将軍の信頼が厚く、存命中は田沼意次も権勢を振るえなかった。

寒冷の地で、実入りもよくなく、赴任を歓迎すべき場所ではないが、これらの移動に懲罰の色彩はない。太田も松平も一代だけの在任で、棚倉藩はいわば「待命の地」。幕閣での出世の発射台となることが続いた。

〈歴代の棚倉藩主〉

【出世藩の時代】

■**立花家**（1万石）［1606-1620年］

・宗茂→筑後柳川10万9千石

■**丹羽家**（5万石）［1622-1627年］

・長重→陸奥白河10万7百石

【待命藩の時代】

■**内藤家**（5万石）［1627-1705年］

・信照

・信良

・弌信→駿河田中5万石

■**太田家**（5万石）［1705-1728年］

・資晴→上野館林5万石

■**越智松平家**（5万4千石）［1728-1746年］

・武元→上野館林6万1千石

【懲罰藩の時代】

■**小笠原家**（6万石）［1746-1817年］

・長恭

・長堯

・長昌→肥前唐津6万石

■**井上家**（6万石）［1817-1836年］

・正甫

・正春→上野館林6万石

■**松井松平家**（6万4百石）［1836-1866年］

・康爵

・康圭

・康恭

・康英→（陸奥白河）→武蔵川越8万4百石

■**阿部家**（10万石）［1866-1868年］

・正静

・（正功）

＊石高は入部の際。その後の加増もある。預かり地などもあって違いも

＊松井松平家の白河への移封は中止となり、川越に変更

＊阿部家は正静の後、正功が6万石で藩主となるが、明治に入ってから

後篇：「懲罰藩」の時代

落度ありの転封

　復活、待命の「出世藩」としての様相が変わってきたのは延享三年（一七四六）に遠州掛川から転じた小笠原長恭《ながゆき》からである。

　長恭が五歳で家督を継いだ頃、遠州の領内では浜島庄兵衛（日本左衛門）という大盗賊が跋扈していた。歌舞伎の「白浪五人男」の日本駄右衛門のモデルである。

　掛川城の近くの大池村で、一味に襲われた家が出た。土地の庄屋は掛川藩に訴え出たが、相手にしてもらえない。一種の「広域犯罪」で、取り締まる気力も実力もなかった。庄屋は秘密裏に江戸へ出て、北町奉行所に訴えた。

　幕府から火付盗賊改《ひつけとうぞくあらため》の徳山秀栄が派遣され、一味の幹部を捕縛した。火盗改は放火や押し込み強盗などの凶悪な事件を取り締まるため、常備軍の先手組から編成した捜査機関。

　庄兵衛は逃亡したが、手配書が出回っているのを見て観念し、自首して獄門になった。

　公儀にお手数をおかけした形であり、幕府は小笠原家を転封の対象にする口実を得ていた。

幼少の長恭が責めを負わされるのは酷とはいえ、十分な取り締まりができなかったことが「落度」とされた。名門の小笠原家も懲罰的な移封から逃れることはできず、同じ六万石で棚倉に入る。

この六万石、棚倉の領地は四万石だけで、残りの二万石は遠く近江国に飛び地として与えられた。年貢の徴収などが不便であることは言うまでもなく、このあたりにも咎《とが》めであったことが窺われる。

棚倉の小笠原家は三代続いた。この間、領地は棚倉にまとめられたが、藩財政の悪化に苦しみ、しばしば家中に諸事倹約を申し渡している。

文化十四年（一八一七）、そんな小笠原家に光が射す。肥前唐津への転封が決まったのである。唐津の表高は同じ六万石でも、実高は二十万石の富裕の地である。

しかも棚倉への左遷は必ずしも藩主のせいではなかったが、唐津への〝栄転〟も小笠原家の努力によるものではなく、棚から牡丹餅だった。

蛇と蠍がうようよ

色でしくじりゃ　井上様よ

やるぞ　奥州棚倉へ

小笠原家の跡に棚倉に来たのは遠州浜松の井上正甫《まさもと》。その井上を浜松から追い出したのは唐津にいた水野忠邦である。

「長崎お固め」（警備）の任務が足かせになって、唐津にいては幕閣の中枢に登れない水野が江戸の近くへの転封を幕閣に猛烈に働きかけ、井上家を動かした。転封の形はしばしば行われた「三方所替え」。この玉突きで小笠原家は唐津に行けたのである。

時の棚倉藩主は小笠原長昌。妻は水野の妹だった。自分の念願の移動に合わせて、義弟にも恩恵が及ぶようにしたとすれば、水野は「三方所替え」で「一挙両得」を実現したことになる。

後に老中首座となって「天保の改革」を主導するが、早くからなかなかのやり手であった証とも言える。

落首にある井上様も文句は言えない。正甫は亭主が留守だった百姓家に入り込んでその女房を襲ってしまった騒動が広まり、他藩の中間らの間で「密夫のお殿様」とからかわれていた。表立って処罰することのできない不始末を転封という形で咎めたのである。

こんな落首が出ていることで、この頃には棚倉が「左遷の地」と広く認識されていたことが分かる。

正甫は憤懣やるかたなかったのだろう。浜松は棚倉とは逆に「出世藩」であり、幕閣への登竜門をくぐって勢い込んでいた矢先の躓きだったのである。

正甫は「棚倉は蛇蝎《だかつ》（ヘビとサソリ）がうようよしているところ」と言い募り、病気を理由に入部（初めて領地に入ること）を延ばし、やがて隠居してしまった。正甫が棚倉に足を踏み入れた記録はない。

ちなみに棚倉への移封が決まった時、正甫は四十二歳だった。その後、江戸屋敷などで安政五年（一八五八）まで長生きした。享年八十四。

跡継ぎの正春が名誉回復のために精励して老中になり、領地も弘化二年（一八四五）に浜松に戻ったのを見届けての最期だった。

「棚倉から」に冷ややか

井上家とは反対に喜び勇んで唐津に回った小笠原家も冷ややかな視線にさらされた。

唐津の領民が小笠原家をどう受け止めたか。当時の風聞を集めた記録によると、まず

「彼の棚倉より引移られし人達は一家中総て無学文盲」とばっさりやられている。

「長崎お固め」などの新たな職務もあるので、小笠原家は足軽などを現地で新規に召し抱えようとした。しかしこんな雰囲気なので、少しでも家産のある町人、百姓は応じない。結局、馬子、日雇いなどその日暮らしの者を雇うことになる。

そうなると刀を差すことが嬉しくて、いつもは頭を下げていた町人、百姓の上に立って、偉そうな態度をとるので、小笠原家は「いよいよ見苦しきこと多し」と評されている。

小笠原家の家臣のお粗末さがこれでもかというばかりに出てくるので、極端に過ぎる見方かも知れないが、「至って繁盛し、学問、武芸をもっぱら嗜む地」である唐津からは当時の棚倉がどう見られていたかが窺える。

もっとも唐津に来てからの小笠原家の二代目の長泰の時代になると、風儀も追い追い改まってきたと受け入れられ始めた。長泰は出羽庄内藩主の酒井左衛門尉家からの養子。酒井家からついてきた腹心とともに、忍びで領内を回り、不埒な者を罰したという。

小笠原家はこのまま唐津に定着した。

幕末には世子の長行《ながみち》が世継ぎの身分のまま老中になり、外国事務総裁を兼務して難局に当たった。戊辰戦争では旧領の棚倉から会津に入り、その後も仙台から榎本武揚の軍艦で函館に向かうなど、最後まで徳川家に忠節を尽くしている。

明々白々の咎め

天保七年（一八三六）、井上家に代って石見浜田の松平康爵《やすたか》が棚倉に入る。

この松平家の移封は明々白々の懲罰である。直接の原因は前藩主で老中を務めていた康《やす》任《とう》にある。

康任は但馬出石《いずし》藩のお家騒動である「仙石騒動」の裁きが情実を絡めて不公平なものとされ、老中を罷免される。そのうえ李氏朝鮮との密貿易が幕府の隠密でもあった間宮林蔵に探知された。康任は「永蟄居」、家督の継承は許されたが、直後に棚倉に移された。

棚倉の松平家は四代で、幕末に天狗党の鎮圧などの功績で、八万四百石に加増され、曲折の末、武蔵川越へ移封。慶應二年（一八六六）六月、棚倉には白河藩主の阿部正静《まさきよ》が入る。

正静の父の正外《まさと》は老中だったが、英国など四か国による兵庫開港の要求を勅許を得ないまま呑んだことの責任を取らされて強制的に隠居となり、その跡を継いだ。石高は十万石のままだったが、朝廷への配慮もあり、懲罰としての棚倉への転封となった。

慶應四年二月、阿部家は白河への復帰の命を受けた。が、大政奉還を経て戊辰戦争も始まっており、うやむやになった。

阿部家は旧幕府方の奥羽列藩同盟に与し、白河口の攻防では棚倉藩の藩兵が奮戦した。当然、棚倉藩も洋式軍制を採用していたが、家老の阿部内膳ら十六人は洋式軍装を拒み、先祖伝来の甲冑に身を包んでいた。その活躍は仙台藩の細谷十太夫の一隊とともに人々の耳目を集め、「細谷鴉《からす》と十六ささげ、なけりゃ官軍高枕《たかまくら》」と謳われた。

次いで新政府軍は棚倉城に矛を向けた。阿部家は会津、二本松、仙台、相馬藩などに援軍を求めた。六月二十四日、新政府軍は板垣退助が率いる一千人が三方から総攻撃、既に援軍は引き揚げてしまっており、三百人の棚倉藩兵だけでは抗すべくもなく、わずか半日で落城した。

勢いに乗る新政府軍は「阿部の兎はよく逃げる」と揶揄したが、多勢に無勢のうえ、既に白河口の攻防で死力を尽くしてしまっていた。

少ない農民一揆

棚倉藩は藩主の家が代わるたびに石高が変わっている。石高は次第に大きくなっていったが、時には遠隔地の「飛び地」の割合が大きく、棚倉での領地は小さくなったこともある。つまり藩としての領地の範囲が確定していない。

近在の村々はある時は棚倉藩領、ある時は天領（幕府の直轄地）、ある時は他藩の預かり地などになっているわけで、領民と殿様との一体感はそもそも生まれにくい。

そのうえずっとこの殿様がいるわけではないことを領民も知っているし、殿様もずっといたいと思っているわけではない。ここが多くの藩と違うところである。

出羽庄内藩などは好対照である。庄内藩は江戸幕府の初期に酒井左衛門尉家が入って以来、一度も藩主の家が変わらず、「三方所替え」で移封が発表されると、家臣ではなく領民が立ち上がって幕府への反対運動を展開、ついに撤回に追い込んでいる。

一方で左遷されてきたこの地でまた失態を犯したらもう終わりである。次は取り潰しになってしまう。逆に辛抱して無事に治めればやがて復活もあり得る。となると極端な善政もなければ圧政もなく、領民とはいわばつかず離れずの藩政が続くことになる。

ただそうであるがゆえに、不祥事が起きないようにとの気配りも相当なものだった。ずっと棚倉で「検断」を務めていた井上家が残した記録の中からその一端を見てみよう。

「検断」は最上級の町役人である。

藩にとって一番、気がかりなのは農民一揆。天保七年（一八三六）には「一揆くわだて城下へ押寄せるとの注進につき警備」という通達が出ている。

　領内の九か村の約三百人の百姓が山に参集し、鬨の声を上げ、町内の者に「施し米」を要求する文書をしたため、城下に押し寄せかねないので、町方役人に押しとどめよと申し渡した。緊迫した情勢の中で、何とか城下に農民を入れまいとする藩の必死さが伝わってくる。

　結局、この時も大規模な騒動にはならなかったようである。内藤家の松波勘十郎の例にもあるように、棚倉藩はどの藩主もその特殊な位置から何事も無理押しを避けたのだろうか。

　小笠原家の寛政十二年（一八〇〇）、「浅川一揆」と呼ばれる騒動があり、藩兵が鎮圧した。その他にも小競り合いはあっただろうが、これ以外には農民一揆と言えるような騒動は江戸時代を通じて見当たらない。

　寛延二年（一七四九）には幕府直轄領の信夫郡、伊達郡、二本松藩、三春藩、守山藩、会津藩と今の福島県の全域で大規模な農民一揆が発生した。この時も棚倉藩には記録がない。

　この農民一揆は棚倉藩に隣接する幕府直轄領の塙《はなわ》でも起き、農民に取り囲まれて窮した代官が自刃するほどだった。棚倉藩は藩主の小笠原長恭が藩兵を率いて鎮圧の応援に向かったとされるが、実際には「見届け」といった程度で、代官所に入ってすぐに帰藩したという。

藩内に目を凝らす

記録からは町方の生活についての気配りも見てとれる。豆腐屋が材料の高値で困窮してしまい、豆腐一丁の値段を四文から六文にしたいと願い出たので、五文に下げて許可したという細かさである。

財政難の中でいかに領民の不満を抑えて、納得させるかの兼ね合いにも腐心している。天保三年（一八三二）には子供の養育手当は中止するが、出生手当は継続すると布達した。赤児が一歳まで育つと、一俵の籾を支給していたのはやめるが、誕生の際の祝いは従来通り。

「よそ者」への警戒はしきりで、明和二年（一七六五）、藩主が病気で参勤交代の江戸行きを延期している時には、幕府から隠目付が探索に派遣されて来るかも知れないので、「よそ者」には病気であることをはっきりと説明して、あらぬ誤解を招かないようにせよと申し渡した。

天保七年（一八三六）には藩主が井上家から松平家に交代することを知らせたうえで、①所替えがあると、役人体の者が町方に入り込むので、昼夜を問わず見廻りを怠るな②他所より稼ぎ人が多数、入り込み、逗留する者もいるので、取り締まれ③職人はもちろん外働きの女どもも猥《みだ》りがましいことのないように——と通達している。

これらは膨大な記録のほんの一部だが、思わぬ失態を招いたり、不祥事が起きないよう、藩内に目を凝らしている様子がうかがえる。これが「棚倉藩」だった。

×　×　×　×

次第に「出世の地」から不首尾大名の「左遷の地」となっていった棚倉藩の歴史を振り返った。

棚倉には「日本のふるさと」とも言うべき原風景が広がっている。が、当時は江戸という中心から離れた「僻遠《へきえん》の地」だった。水利の悪い山間の地であり、積雪も厳しい寒冷の地でもある。

何よりも米の収穫量を示す名目の表高に比べ、実高と呼ぶ本当の実入りが少ないことが「左遷の地」の印象を強め、実際、そうした意味を持たせた移封先として、幕政で〝活用〟されてしまったのだろう。

次章からは棚倉といった「地」ではなく、藩という「家」、そこにいた藩主と家臣の「人」を軸に、江戸時代の「大名左遷」の諸相を点描していこう。

第二章　不吉　殿様の名は家康の「家」

――高取藩植村家

前篇：「不吉」の汚名伝説

当主の名に「家」が付く

藩の名も、家の名もあまり知られていない。

大和高取《たかとり》藩。今の奈良県にあった二万石余りの小藩である。

立藩から明治維新までずっと譜代大名の植村家が治めた。

江戸時代の歴史にもほとんど出てこないが、徳川幕府の下でこの家は本当は「すごい家」だった。

高取藩で有名なのは植村家よりも領内にある壺阪寺《つぼさかでら》だろう。

西国三十三か所第六番札所で、大宝三年（七〇三）の開基とされ、平安時代には京都の清水寺を北法華寺、奈良の壺阪寺を南法華寺と呼んだという。が、一気に「全国区」になったのは明治時代に浄瑠璃の「壺坂霊験記《れいげんき》」が流行ったのが契機である。

座頭の三味線引きの沢市と、その妻のお里。互いを思うがゆえに生じた悲劇を壺阪寺の十一面千手観音菩薩が救う。

「三つ違いの兄《あに》さんと……」のくだりで知られ、「妻は夫をいたわりつ、夫は妻に慕いつつ」は浪曲の代名詞になった。

江戸時代の前は豊臣秀吉に仕えた本多俊政が高取城主で、壺阪寺の伽藍の復興に努めた。「関ヶ原の戦い」では徳川家康に従って会津征伐に出陣、そのまま東軍になったため、高取城は西軍に攻められたが、藩主が不在のまま、残っていた家臣だけで守り切った。

しかし徳川幕府の下で、本多家は二代にして無嗣絶家となり、その後に植村家が入った。その植村家が本当は「すごい家」であることは歴代の当主の名を見れば分かる。家久、家利、家長、家教、家貴、家興……みんな家康の「家」がつくのである。

江戸時代にはまさに神様だった家康からその名の一字を与えられた。いわゆる「偏諱《へんき》」である。

「徳川四天王」の榊原康政のように、同じ一字でも下の「康」をもらった例はあるが、上の「家」はまずない。「関ヶ原の戦い」の後、島津家との和睦の証のような形で、当主の後継ぎの忠恒（義久の甥、義弘の子）に家久の名乗りを許したが、これは例外中の例外。

もちろん江戸時代を通じて、勝手に「家」の字を使うことなどは到底、許されない。徳

〈植村家略系図〉

持益―氏明―家存―家次―①家政―②家貞―③家言―④家敬
├⑤家包
└⑥家道
　├⑦家久
　├⑨家長
　│├⑩家教
　│└⑪家貴―⑫家興―⑬家保―⑭家壺
　└⑧家利

＊数字は高取藩主の代数

川家とは関係なくその昔から「家」が付いていた場合も、家康を憚って改めなければならなかった。

「家」は家光、家綱、家宣、家継、家重のように歴代将軍と植村家の専売特許と言っていい。

　歴代将軍でさえ、「家」は下賜できず、与えたのは名の下の字。三代家光なら「光」、四代家綱なら「綱」などである。岡山藩の池田光政、加賀藩の前田綱紀らの例がある。

　五代綱吉の下の字をもらったのが八代吉宗、十二代家慶からが十五代慶喜。ここでも「家」はない。

植村家は歴代藩主が堂々と「家」を名乗ることが許されていた。

この一字こそ植村家の本来の家柄のすごさを示すものなのである。

安祥七譜代、岡崎五人衆

植村家は美濃国の守護職、土岐氏の出ということになっているが、これは後世、大名になってから作った系図で、信用するもしないもない。

新田源氏を称する主君の徳川家ですら、三河に流れていった時宗のいわば乞食坊主が祖先であることは半ば公然の秘密なのだから、別に恥ずべきことでもない。

室町時代に美濃から遠江に出て、住み着いた上村という土地の名を称したが、やがて植村に改めた。そこからさらに三河に流れ、徳川家の前身、松平家の一族に仕えた。

松平家もまだ基盤が固まっていない頃で、植村家は最も古い時代からの家臣になる。

江戸時代になると、徳川家に臣従したのが「関ケ原の戦い」の前か後かで、譜代、外様と大名が厳格に区別されたくらいだから、いつから仕えていたかは身分にかかわる重要な要素である。

家康の四代前の松平家の当主は長親。植村家の持益《もちます》が長親に仕えたのが始まりという。

この頃、松平家は三河国の安祥《あんじょう》（安城）を拠点としていた。

江戸時代の中期に編纂された「柳営秘鑑」では、「三河安祥之七御譜代、酒井左衛門尉、大久保、本多、阿部、石川、青山、植村、右七家を云」としており、植村家の由緒を確認している。

つまり酒井、大久保、本多、阿部といった後に大老や老中を輩出する家と同じ安祥時代からの最も古参の家柄だというのである。

家康の祖父の清康はこの安祥から勢力を増すに従って山中、岡崎と居城を移しており、この頃からの古参の総称が「三河御譜代」。その「三河御譜代」をいつから仕えたかで三分し、「安祥御譜代」「山中御譜代」「岡崎御譜代」と呼んだ。

酒井、本多に井伊、榊原を加えた「徳川四天王」という尊称があるが、井伊、榊原家は「安祥御譜代」の後の「岡崎御譜代」に入っており、植村家より新参であることを示している。

「柳営秘鑑」は幕臣の菊池弥門の著作で、幕府の昌平坂学問所が所蔵してきた。

幕府が公式に大名、旗本の家譜を編纂した「寛政重修諸家譜」でも、譜代大名の内藤家の項に「（内藤）右京進及び石川左近大夫忠輔、植村新六某、天野清右ヱ門定有、林藤介某等を岡崎の五人衆と称す」とあり、岡崎時代の松平家でも「五人衆」と呼ばれる家老職（奉行職）の一角を占めていたと記している。

　ここに出てくる「新六某」は新六郎を名乗った氏明で、家康の祖父の清康、父の広忠の二代にわたって近侍しており、信頼も厚く、松平家の中核だった。植村家は後に嫡子の幼名を代々、新六郎としている。

清康殺害、仇を討つ

　ところがこの近侍していたことが良かったのか、悪かったのか。家康の祖父の清康、父の広忠が不意に襲われた場面に二度とも居合わせるという奇妙な巡り合わせに遭う。

　清康は大久保彦左衛門の「三河物語」で大いに称賛されている。事実、三河の全域を版図に入れ、勢力を尾張にまで広げようと、天文四年（一五三六）、尾張の守（森）山に陣を張り、織田信長の父、信秀と対峙した。

　この出陣は背伸びをし過ぎていると危ぶむ声が一族や老臣の中にあり、そうした状況にありがちな疑心暗鬼も陣営に生まれていた。

　老臣の一人、阿部定吉は自分に謀反の疑いがかけられているとの噂があることを耳にし、子の弥七郎に「もし自分が成敗されるようなことがあれば、わが家の末代までの恥になる」として、万一の場合は汚名をそそぐように言い渡していた。

そうした中で陣中で暴れ馬の事故があって、この騒動を聞いた弥七郎は父が成敗されたと思い込み、主君の清康に近づいて背後から刺した。

その場で弥七郎を討ち取ったのが植村氏明だった。が、清康は死んでしまう。享年二十五。

実は清康の叔父で、力のあった桜井松平家の信定による謀略によるものとか、様々な説があるが、大将の死で軍勢は三河への撤退を余儀なくされた。これを「守山崩れ」と呼ぶ。

この時、清康の後継ぎである広忠はわずか十歳。実際、信定が跡目を窺う行動に出て、広忠は居城の岡崎城を追われた。伊勢や遠江などを転々とし、駿河の今川家に身を寄せたようである。

だが、岡崎城に残った家臣の大久保忠俊や縁戚による復帰の工作が次第に進み、天文六年（一五三七）、岡崎城を奪還した。

岡崎城を乗っ取った信定とも和議が成り、広忠は十二歳で元服、松平家の宗家の家督が確定した。

広忠襲撃、また討ち取る

天文十年（一五四一）、広忠は刈谷城主の水野忠政の娘、「お大」（法号は伝通院）と結婚し、翌年、竹千代（後の家康）が生まれる。

松平家は今川家と織田家の狭間で生き延びることに懸命だった時代で、「お大」を離縁して実家に帰したり、竹千代を今川家に人質に送ったりと、苦渋の決断が続いたことが知られている。

今川家に行くはずだった竹千代は、道中で織田家に寝返った田原城主の戸田宗光によって拉致され、織田信秀の下に送られてしまうという信じがたい事件も起きる。

広忠は今川家の支援を得て、織田家の三河への侵攻を必死に食い止めていた。

天文十八年（一五四九）、広忠は岡崎城内で近臣の岩松（片目）八弥により、刺殺されそうになる。

記録には「突いた」としかない。そのためこの場で命を落とした、致命傷には至らなかった、うまくかわしてその後に病死したと様々な説があるが、この年に若くして死去した。享年二十四。

徳川家の正史である「徳川実紀」に従うと、八弥は隣国が送り込んだ刺客。植村家が後に自ら示したところによると、逃げた八弥に登城してきた植村氏明が橋の上で出会い、逆心を聞いてすぐに組み付き、二人とも空堀に落ちた。

他の家臣も駆けつけてきて、危機に瀕している氏明にいったん八弥を放せと声をかけたが、氏明は大悪逆の者を少しもゆるがせにはできない、自分と一緒に討てと言って聞かず、結局、八弥を組み伏せて首を取った。

氏明は二代の主君の仇をその場で討ったことになる。

大手柄である。当然、称賛され、感状も得た。が、禍福はあざなえる縄の如しというたとえがいいのかどうか、一度ならず二度までとは縁起が悪い、植村は何やら不吉であるとの印象をも持たれてしまった。

氏明はその後、尾張国沓掛での織田軍との戦いで討ち死する。

織田信長が今川義元を討った「桶狭間の戦い」を経て、家康は今川家の人質から三河に戻ることができた。植村家は氏明の子の家存《いえさだ》、孫の家次が父子二代で家康に仕えた。

仕えた信康が切腹

植村家にとって〝不運〟な巡り合わせはまだ続く。

今川家から離れた家康は信長と同盟を結んで独立した戦国大名になった。植村家の家次は家康の後継ぎである長男の信康に近侍する。

信康は剛毅な武将に育ち、信長が自分の子よりも力をつけるのではないかと、将来を心配したほどだったともいわれる。

ところが、家中の期待を受けていた信康が父の家康の命で切腹させられてしまう。信康には信長の娘の徳姫が嫁いでいた。この徳姫が信康と姑の築山殿が武田家と内通していると父に密告し、信長が家康の心底を確かめるためにも、厳しい処断を迫ったというのが通説である。

が、最近の研究では武田家への内通ではなく、浜松城にいた家康、岡崎城にいた信康、それぞれを取り巻く家臣の間で、織田家との間合いなどをめぐって対立があり、家康が徳川家の統制を図るためにやむなく切腹させたという見方が有力になっている。

いずれにせよ植村家の家次が近侍していた主君が、また非業の死を遂げてしまったのである。

信康の自刃は家次にとっても釈然としない結末であり、補佐する側近としての責任も感じたはずである。一方で「また植村が側にいた」という心ない声にもさらされただろう。
家次は出奔し、諸国を流浪する。主君が切腹して、近臣が無傷というわけにもいかず、実は追放されたともいわれる。

妖刀「村正」と重なる？

不吉ということでは徳川家には妖刀「村正《むらまさ》」の伝説がある。「村正」は伊勢国桑名で初代が興した刀工の名。妖刀というのはまさに伝説なのだが、「妖しいほど魅かれる刀」という意味では正しく、覇気を感じさせ、そうであるがゆえに精強な三河武士には愛用された。

徳川時代に流布した伝説は、清康、広忠が斬られた刀、信康の介錯に使われた刀、これらがいずれも「村正」だったというもの。織田有楽斎らが家康に槍を見せた際、家康が手を滑らせて指に怪我をし、これも「村正」だったなども加わり、徳川家に仇なす不吉な妖刀とされた。

江戸時代の初期に出た著者不明の「三河後風土記」あたりから徐々に広まる。偽書とも言われるが、大部の徳川家の来歴に関する著述なので、それなりに権威があり、中期になると正史の「徳川実紀」の附録にも収められる。

あまたの江戸の町奉行の中でも名奉行として知られる根岸鎮衛《やすもり》も著書の「耳嚢《みみぶくろ》」に「村政（正）の刀御当家にて禁じ給う事」「利欲応報の事」の項を設け、村正はいたって腕がいいが、乱心のような性格なので、その打物（打ち鍛えて作った刀や槍）を持つと怪我をすると書いている。本人も佐渡に在勤の折に勧められ、とても見事な好ましい刀だったが、この言い伝えを聞き及んでいたので、買うのをやめたという。

幕末には倒幕運動の象徴ともされ、西郷隆盛らが愛用した。

植村家と「村正」。

「凶」の伝承の中に一緒に包み込まれてしまった感がある。

清康、広忠、信康。植村家にとっては心外な不運の三乗である。

家次はやがて榊原康政のとりなしで、召し返される。が、心労のせいか、三十三歳で死去してしまう。

家次の跡は嫡子の家政が継ぐ。帰り新参の知行はわずか五百石に過ぎなかった。

しかし松平家累代の家臣をいつまでも捨て扶持のような禄高にとどめておくのもさすがに不条理で、三代将軍家光の代に五千石、九千石と加増された。

寛永十七年（一六四〇）にはついに高取城を与えられ、大名となる。

ただし家禄は二万五千石。小大名である。かつての同僚が十万石以上となり、幕閣の中枢を占めているのとは大きな落差があった。

この二万五千石も、後に藩主が弟らに領地を分け与える「分知」もあったので、植村家は二万五百石で代を重ねた。

弟入水、兄が後継ぎ

石高が少ない割には江戸城での殿席（控えの間）は、十万石格の家門、譜代大名が中心の「帝鑑の間」だった。大きな領地や実権のある役職は与えないが、格式だけは高くして敬するといった処遇である。

そうなると格式が高いだけに、客分や顧問といった位置になってしまい、かえって幕府の役職には就きにくい。目立たない小大名の時代がずっと続く。

やがて江戸時代も折り返し点を過ぎた頃になり、家利が八代藩主となる。長兄で七代藩主だった家久が死去すると、四男の家利が次男の家長を差し置いて跡を継いだ。

家利も家長も母は「某氏」。つまり側室だが、家利の母は六男二女のうち四男一女を産んでおり、勢力があったのかも知れない。

この家利が天明四年（一七八四）、やっと幕閣の登竜門である奏者番《そうじゃばん》（役職の特徴は後述）になる。長く中途半端な状態で、他家の栄達を指を咥えて見ていた家中にも願いがあったのだろう。

あたかも時は天明、つまり「田沼時代」である。実力者の老中、田沼意次らへの懸命な猟官工作をしたのは間違いない。

しかし、この家利、不幸なことに家中の期待や職務の重圧に耐えられなかったようである。兄との関係の葛藤もあったのだろうか。隅田川で舟遊びをしている時に、突然、傍らにいた吉原の遊女と入水自殺をしてしまう。二十七歳の若さだった。

藩を挙げての隠蔽工作が行われたのは言うまでもない。名門でもあり、病死として植村家の相続は認められた。不遇だった兄の家長が跡を継ぐ。

この家長、相続の経緯もあり、とにかく実直に振る舞ったようである。

寛政五年（一七九三）、弟が任じられていた奏者番になる。既に四十歳だったが、植村家は再び出世レースのスタートラインに就いた。

二百年で老中「格」

奏者番は江戸城での儀式の際などに、将軍と大名、旗本の間を取り次ぐ役。機転が利くことが大事で、「バカ殿様」では務まらない。ここでその技量が試されて、この中から寺社奉行に選ばれることが将来につながる。

家長は期待に応えて四十六歳で寺社奉行を兼ね、次いで若年寄となる。遅咲きとはいえ、出世は順調である。

ところが、ここでなぜか昇進が停まり、といってお役御免にもならず、若年寄に長く据え置かれた。

文政八年（一八二五）、家臣をよく見ていて気配りの人でもあった十一代将軍家斉は気の毒に思ったのだろう、長年の勤めぶりを賞して、ついに老中に引き上げる。何と若年寄のまま苦節二十五年。七十二歳になっていた。

ただし正式には老中「格」。老中は三万石以上の譜代大名がなる格式で、家長は二万五百石だったので、「格」をつけて「勤方老中並」との辞令が出たのである。

その翌年、「格」が取れる。家斉の後継ぎの家慶がいる「西丸老中」になったのである。老中であることに変わりはないが、「本丸老中」よりは低く見られるので、二万五百石のままでも老中になれた。

家長は七十三歳で就任した江戸幕府で最年長の老中。しかし後代の史料には本丸老中だけが記載されるのが普通なので、ほとんどの「歴代老中一覧」に家長の名はない。これも不運と言えば、不運である。

しかしやっと三河以来の名門にふさわしい地位につけた。

文政九年に加増を受けて元の二万五千石。大和国内に六万六千石もの幕府からの「預かり地」も領した。またしても「格」がつくが、石高も「徳川四天王」並みの十万石「格」になったのである。

徳川幕府が始まってから二百年以上が経っていた。

後篇：「不滅」の大筒伝説

冬の陣のブリキトース

植村家というこの本当は「すごい家」には本当にすごいものがあった。

大砲である。

司馬遼太郎氏はこの大砲が「あった」ではなく、「居た」と表現している。

「むかし、和州高取の植村藩に、ブリキトースという威力ある大砲が居た。居た、としか言いようのないほど、それは生きもののような扱いを、家中から受けていた」(「おお、大砲」)。

「居た」と評されるほど存在感があったのは、これが「権現様の大筒《おおづつ》」だったからである。権現様はもちろん東照大権現の家康。徳川方が豊臣家を滅ぼした大坂城攻めで使った大砲だった。

ブリキトースのブリキはオランダ語の薄い鉄板。ブリキも「通す」から来た名称といわれる。

家康はオランダからこの大砲を買い、東海道をはるばると引いていき、大坂冬の陣で大坂城に向けて連日、砲弾を撃ち込んだ。

実害をどれほど与えたかは不明だが、それまでの戦場にはない轟音が響き渡った。当時の砲弾は炸裂はしないが、重量のある鉄や鉛の塊が飛び、時に淀君の居住区の柱を壊したりした。

効果があったのは「弾」よりも「音」だった。

二木謙一氏の研究によると、大坂での砲声は京都にも届き、「大坂には鉄砲の音帯多々《おびただ》敷《しく》、朱雀辺へ聞こえ少も隙《ひま》なしと」（「時慶卿記」）、「大坂表の鉄砲洛中に響く」（「孝亮宿禰日次記」）と公家の記録にある。

秀吉の最後を飾る「醍醐の花見」。その舞台をしつらえた醍醐寺座主《ざす》の三宝院義演は「大坂責め鉄砲放聞《はなちきき》を相催さる。仍《よつ》て茶湯以下種々の振舞ひあり」（「義演准后日記」）、つまり砲声を聞く会が催され、茶湯やご馳走の振る舞いがあったことまで書き残している。

淀君は主戦論者の代表だったが、この「音」に脅えてしまい、「早う和議をしや」と叫んだと言われる。

大坂方が戦況がそれほど悪くなってもいないのに、「総堀」を埋めるといった不利な講和に応じたわけは、この砲声にあったとはつとに指摘されている。

これに先立つ天正九年（一五八一）、大和国を制圧した筒井順慶は砦に過ぎなかった高取城を戦闘のための城郭に改造した。次第に備中の松山城、美濃の岩村城とともに「三大山城」と呼ばれるようになる。地形が険しく、敵を防ぐのに適した要害である。地理的にも薩摩や長州を念頭に置いた西国大名への抑えの位置にある。

もし京都を占拠されたら、徳川軍は高取城に籠り、巻き返すという戦略があったともいう。

「常普請」が認められていた城でもある。徳川幕府は武家諸法度で城の無断修築を厳しく禁じたが、高取城は常時手入れを許されていた。

だから三河時代からの古参の植村家をここに入れただけでなく、大坂攻めで使った大砲も与えたのだろう。六門あった。

宝物、幕末に出番

この大砲のことは当時から知られていた。

「高取土佐に過ぎたるものはブリキトースに反魂丹《はんごんたん》」

高取土佐は高取の城下町のことで、真ん中に土佐街道が通っていることからこう呼んだ。反魂丹は売薬。越中（富山）、大和（奈良）、近江（滋賀）、田代（佐賀）が「四大売薬」の地とされていた。

当然、植村家はこの大砲を単なる武器ではなく、宝物として守り抜き、「大筒組」という一隊も維持してきた。しかし「泰平の世」は続き、二百五十年間も出番はなかった。

そうなると、本当にありがたいかどうかも分からなくなってくるが、廃棄することなどできるはずもなく、ただただ鎮座ましましてきた。

ところが幕末に至り、思わぬ敵を相手にこの大砲が〝活躍〟することになった。

それは尊王攘夷派の志士らで構成された武装集団、「天誅組《てんちゅうぐみ》」である。

文久三年（一八六三）、京都では三条実美ら急進的な過激派公卿によって、孝明天皇が「攘夷親征」を内外に明らかにするため、大和の神武天皇陵、春日社に参拝されることが決まった。背景には長州藩による策謀があった。

この「大和行幸」は春日社への参拝の後、かの地に留まって軍議を行い、次いで伊勢神宮に向かうという計画。極言すれば天皇の動座、遷都であり、親征というからには天皇が軍事の指揮を執ることになる。

尊王攘夷運動は激烈だったが、あくまで幕府に実行を委任していた。計画は軍事の指揮を征夷大将軍から奪う形にもなり、幕府の存立の根拠をも損ないかねない。

当の孝明天皇は「毛頭好まず候えども、とてもとても申し条立たざる故、この上はふんふんという外致し方これなく候」と方々に宸翰《しんかん》（書簡）を送って窮状を訴えたが、過激派公卿に囲まれてしまっていて、いかんともしがたい。

浪士らは大いに意気が上がり、権大納言の中山忠能《ただやす》の七男、忠光という青年公卿を総帥に担いで「天誅組」を結成し、「大和行幸」の先駆けとなるべく京都を出発した。
中山忠光の姉は祐宮《さちのみや》（後の明治天皇）の生母。祐宮は幼児の頃は中山家で育ち、忠光と一緒に暮らしている。

「天誅組」に撃ち込む

「天誅組」は堺から河内へ入り、次第に軍勢を増やしていった。土地の人々は薄化粧に鉄《か》漿《ね》（おはぐろ）、緋縅《ひおどし》の鎧という忠光を見て、最初は旅役者の一行と思ったという。しかしその行動は誠忠の信念に燃えているので、手のつけられないほど乱暴だった。

八月十七日に大和に入ると、いきなり五條代官所を襲い、代官らを血祭りにし、五つの首をさらした。

大義を掲げる「天誅組」の勢いに、沿道の諸藩は求めに応じて武器や糧秣を提供したり、腫れ物にさわるような応対をした。

高取藩にも土佐出身の那須信吾という浪士が使者として来た。勤皇の義兵の入用として、馬二匹、米百石、槍百本、鉄砲百挺、甲冑百領、大小刀百本を献納せよと命じた。

高取藩は「我らは小藩で、その通りの献納はできかねるが、馬二匹、鉄砲三十挺、槍三十本を献納し、米は追い追いお届けする」と答えた。

ところが代官所を陥した翌日、京都で政権がひっくり返る。会津藩、薩摩藩らが組んで巻き返したクーデター、「八月十八日の政変」で過激派公卿は失脚し、「大和行幸」も中止となる。

挙兵の名分を失った「天誅組」は単なる暴徒に転落し、一転して逆に追討を受ける立場になってしまった。

行軍の途中で漂流してしまった「天誅組」、あくまで戦うとなれば、拠るべき要害がいる。それは天険の高取城しかないと衆議一決、約束の米も収めていないのは不埒千万として攻め込んできた。

この時、「天誅組」は寄せ集めの農民が大半だが、千人規模に膨れ上がっていた。これに対し高取藩の正規の藩兵は三百人程度。

地の利を知る高取藩は朝日を背にし、相手の行動をよく見極められる鳥ヶ峰という高台に布陣した。

当時の記録で高取藩の配備を見ると、鳥ヶ峰の本隊に「大砲一門、小頭一人、力者五人」という記載が四組ある。

家康から与えられた大砲は六門だったから、これがすべて引き出されたとする史書が多い。が、記録をよく点検すると使おうとした大砲は四門だったことが分かる。うち一門は破裂弾、一門は砲弾の破片が広範囲に飛び散る榴弾とある。

これに対し「天誅組」は大将が「進め、進め」と号令をかけるが、長々とした隊列で細い一本道を進みかねていた。にわかづくりの生木製の火砲で攻めかかろうとしたが、容易に発火せず、焦るばかりだった。

そうした中で、植村家の大砲が火を吹く。あっという間に「天誅組」は「敵（高取藩）より打ち出す破裂丸に驚き、十津川《とつがわ》の農兵（天誅組）崩れ立ち、我先にと引き退くを、頭の面々大いに制すと雖も止ること能わず」（「大和日記」）という惨状になってしまったという。

当たらずとも轟音

砲弾は「遠弾」、つまり敵陣を越えて飛んだといわれる。当たったわけではないが、砲声が敵の肝を奪った。大坂冬の陣の二百五十年後も「音」が効果を発揮した。「弾」はきちんと飛ばなくてもよかったのである。

上野の彰義隊を蹴散らした佐賀藩の最新のアームストロング砲でなくても、古い「権現様の大筒」が十分に役目を果たしたということだろうか。大切な〝遺品〟として守り続けてきた甲斐があったというものである。

「天誅組」は轟音に肝をつぶし、後ろに逃げようとする先鋒と、後方での突然の爆発に驚いて、前に進もうとする本隊（中軍）が衝突して行き場、逃げ場を失い、総崩れになった。多勢はかえって邪魔となり、二時間たらずで勝敗は決した。

植村家の大勝利である。

戦死者などについては様々な数字があるが、高取藩が幕府（南都奉行所）に直ちに届け出た戦果は「雑兵首七つ、生捕五十人」で、味方は「鉄砲薄手二人、死者は一人も無」となっている。その後、精査した高取藩の記録としては「斬首九、生捕五十八」に戦果は増えている。

いずれにせよ死者は極端に少なく、大砲の「音」が殊勲甲で、激しい「戦闘」はなかったことが分かる。

京都守護職の松平容保から賞せられ、老中からも感状が届いた。

高取藩は家臣に、家老から小姓格までは二両、御徒目付から補足組までは一両、中間には二分などの褒美を出している。

高取で敗れた「天誅組」は分散して退却を続け、九月十五日には忠光が解散を宣言する。各藩による追討は続いて壊滅に追い込まれ、忠光らは長州に逃れた。

長州藩の支藩である長府藩が保護していたが、第一次長州征伐で長州藩内の恭順派が台頭すると、忠光は刺客によって暗殺された。享年二十。

その後、情勢はめまぐるしく転変、「天誅組」との戦いの四年後には大政奉還となる。幕府軍が「鳥羽伏見の戦い」で敗れると、最後の将軍、徳川慶喜は大坂城に家臣を置き去りにして、江戸へ走った。

この間、高取藩は朝廷を握った岩倉具視から「万一の場合は堅固の地である高取城に天皇が行幸する」と伝えられ、京の御所の警衛にも当たらせられた。

佐幕派は大敗し、将軍も逃げてしまったため、高取藩を含め、近畿以西の諸藩は譜代、外様を問わず、いやおうなく新政府に忠誠を誓って、明治の世を迎えた。

実は新式大砲所持

「権現様の大筒」の手柄はその後も言い伝えられてきた。しかし実は「天誅組」を追い払った大砲は「権現様の大筒」ではないというもっともと思える主張がある。

実際に「天誅組」を迎え撃った藩士の子孫は、いくら何でも「権現様の大筒」がもう使えないことくらい高取藩は分かっていたと言う。

「権現様の大筒」は話は話、まさに物語であり、時代遅れの無用の長物をただただ守っていたと言われるのは心外というわけである。

実は高取藩は幕末、高島秋帆が導入したホーイッスル砲も少なくとも二門は用意し、最新式のライフル砲も装備、洋式の軍事訓練もしていた。

ホーイッスル砲は高島が天保年間に輸入し、後に国内でも生産し、元治元年（一八六四）に「ナポレオン四斤野砲」が入るまで、最新式だった。

海津栄太郎氏の研究によると、明治六年、高取藩から高取県を経て奈良県に引き渡す火砲として、「和蘭式十二寸野戦忽微砲」二門があり、これを所有していたことが奈良県立図書館の所蔵する史料によって判明した。

「和蘭式十二寸野戦忽微砲」はオランダ製の十二ドイムホーイッスル砲のことである。「寸」はドイムと読み、尺貫法の寸ではなく、オランダ語の「糎」を示す。この火砲は遠雷砲、野戦筒、榴弾砲とも呼ぶ。

「高取町史」は「高取方の砲わずかに四門、うち一門は破裂弾、一門は榴弾《りゅうだん》でさびついて照準もきかず、つねに寄手の頭上を飛び越したという」との戦闘の模様の伝承を掲載している。

この「さびついて」の一語で「権現様の大筒」を指すものと誘導されてしまう。だが、江戸時代初期の戦闘で、破裂弾などの「炸裂弾」を使用した例は見当たらず、「天誅組」も「破裂丸に驚き」と言っていることからも、ここはホーイッスル砲に軍配を上げざるを得ない。

鳥ヶ峰に据え付けられたのはこのホーイッスル砲で、「権現様の大筒」は〝出陣〟はしたかも知れないが、あくまでもいわゆる「後詰め」だっただろう。

さて火を吹いたのは最新式のホーイッスル砲なのか、宝物だった「権現様の大筒」なのか。

「高取町史」は正確を期そうとしているのだろうか、「権現様の大筒」なら格好の観光資源になりそうだが、単に「砲」としか言っていない。

いずれにせよ打ち出された砲弾は当たらず、敵陣を越えて飛んだ。天誅組を潰走させたのが二百五十年前の大坂冬の陣で豊臣方を震え上がらせたのと同様に、「弾」の威力ではなく「音」だったことだけは間違いない。

レゲエグループの「湘南乃風」のメンバー、ＳＨＯＣＫ　ＥＹＥの本名は植村家浩。「植」の音読みからショック、家のアルファベットの頭文字のＩからアイという。「家」の名を継ぐ植村家の直系の子孫である。

占いで大変な強運の持ち主であると言われたことが広がり、「歩くパワースポット」の異名をとる。携帯の待ち受けにすると運気が上がるといわれ、人気がある。

不吉の影がまつわりついた植村家は四百年を経て幸運の象徴に転じたのである。

第三章　仇討

赤穂浪士は作州浪士

——津山藩森家

前篇：森家では浪人

「忠臣蔵」、新参の三人

神崎《かんざき》与五郎、茅野《かやの》和助、横川勘平――。

「忠臣蔵」の赤穂浪士の三人である。

江戸城内（殿中）で浅野内匠頭が吉良上野介に斬りかかり、その咎で切腹、お家断絶となり、浅野家の旧臣が吉良への仇討を遂げた赤穂事件。

この三人、忠義の四十七士を並べた名簿では常に最後尾に一緒に出てくる。なぜだろうか。

一つには「軽輩」、一つには「新参」が理由である。

城代家老で千五百石だった大石内蔵助から始まり、徐々に下がって、この三人の給与はそろって五両三人扶持の「軽輩」。

その下は身分が足軽と低く、吉良上野介邸への討ち入りの後、隊列を離れた寺坂吉右衛門の三両一人扶持しかない。江戸の町人が馬鹿にした「サンピン」に毛の生えた程度だったのである。

「新参」というからには赤穂藩浅野家の前はどうしていたのだろう。時期や立場は違っているが、これも三人そろって隣国の津山藩森家にゆかりの者なのである。

その津山藩森家は元禄十年（一六九七）に取り潰しとなり、赤穂藩浅野家は元禄十四年に改易。となると、いわば会社が倒産し、やっと別の会社に途中入社できたものの、その会社がまた四年後に倒産してしまった形になる。

この不幸な顚末を見ると、三人の討ち入りの動機には単なる浅野家、あるいは内匠頭への「忠義」だけでは割り切れないものが浮かんできはしまいか。

先祖に蘭丸、死屍累々

赤穂藩浅野家は討ち入りで有名も有名になったが、津山藩森家はあまり知られていない。「本能寺の変」で織田信長とともに死んだ森蘭丸が先祖にいて、その系譜に連なる家だと言うとなるほどとなるだろう。

この森家、とにかくみんな死んでしまっている。

歴史上、その名を知られている森家の始めは信長に仕えた可成《よしなり》である。浅井長政、朝倉義景の連合軍との戦いで近江の城を守って討ち死。可成には六人の男子がいたが、長男の

〈森家略系図〉

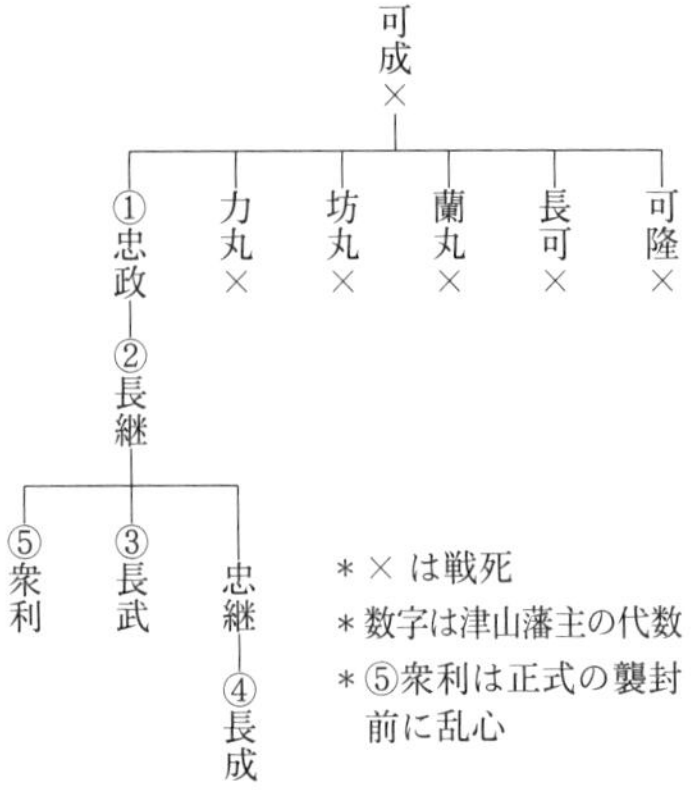

＊×は戦死
＊数字は津山藩主の代数
＊⑤衆利は正式の襲封前に乱心

可隆《よしたか》が朝倉攻めの初陣で討ち死、三男の蘭丸、四男の坊丸、五男の力丸は本能寺でそろって儚《はかな》くなった。

家を継いだのは次男の長可《ながよし》。信長の長の字をもらい、猛将として「鬼武蔵」の名がある。愛用の槍には「人間無骨」との銘を刻んでいた。骨がないに等しいほど突き通すことができるという意味だろうか。自他ともに認める猛将の証である。

信長の後は豊臣秀吉に仕えた。その秀吉と徳川家康との「小牧長久手の戦い」で、長可は秀吉の甥の秀次を総大将に、ひそかに後方に回って家康の本拠地の岡崎城を衝く「中入れ」を発案して出陣。しかしこれを家康に見抜かれて反撃され、討ち死してしまう。「長久手合戦図屏風」（徳川美術館蔵）には長可が鉄砲で眉間を撃ち抜かれる壮絶な場面が描かれている。

美作一国、津山藩

結局、六人の兄弟のうち、五人が討ち死し、末弟の忠政だけが残った。

ちなみにこの六人の男子は全て可成の正室である「えい」（妙向尼）の所産で、他に女子も三人おり、当時としては珍しい。

時代は移り、「関ケ原の戦い」で忠政は東軍につく。この天下分け目の一戦に遅刻してしまった徳川秀忠に随って中仙道を行軍したため、大きな戦功はなく、すぐに加増はなかった。

が、関ケ原への途次、秀忠の真田攻めに加わり、徳川家に味方した功績で、三年後に家康が征夷大将軍になるのを待って、小早川秀秋の旧領だった美作一国（岡山県北東部）十八万六千五百石を与えられる。

慶長九年（一六〇四）、忠政は領内の鶴山で築城に着手、名を津山と改め、津山藩が誕生する。完成は十年以上をかけた元和二年（一六一六）である。丘陵や台地に築城された形式の一つを平山城と呼ぶが、津山城は姫路城、松山城とともに三大平山城と言われた雄壮なものだった。

戦国時代には信濃国で二十万石を超える領地を確保したことのある森家。豊臣時代は美濃国金山で七万石だったが、多くの一門の屍の上に徳川政権の下で戦国時代に匹敵する石高で、栄誉ある「国持ち」の格式を持つ大大名になったのである。

寛永三年（一六二六）、後水尾天皇が徳川家の京都の拠点である二条城に行幸した際のパレードに、忠政は従四位上中将の家格で従っている。

忠政より上位は大御所の秀忠、将軍の家光、御三家、前田、島津、伊達の三大大名くらいしかおらず、上杉家、藤堂家、鳥取池田家、井伊家、毛利家、細川家などは下位。

忠政の嫡子だった忠広も従四位下侍従として、加藤家、黒田家、鍋島家、山内家、浅野家などの有力大名の当主と同格で加わっている。この年、忠広は秀忠の孫娘に当たる亀鶴姫（前田利常と秀忠の娘である珠姫の長女、家光の養女）と婚姻しており、徳川家との血縁も結んだ。

結局、亀鶴姫は輿入れの四年後に十八歳で早世、忠広も三十歳で死んで家督を継げなかったが、徳川体制での基盤を確固としたものにしようと、森家が腐心していたことが窺える。

ただ江戸幕府はこうした外様大名との融和政策の一方で、その財力をそぐ目的もあって城郭や神社仏閣の建造、修復、埋め立て、築堤などの治水工事等々、いわゆる「お手伝い普請」を数多く命じている。これは津山藩森家も例外にはならない。

新たな幕藩体制の下での家の存続のため、あるいは「泰平の世」を過ごせる代償として、どの大名も歯を食いしばって従わざるを得ない。

やがて森家にはその「泰平の世」のまさに象徴となるようなとんでもない「お手伝い普請」が命じられた。五代将軍の綱吉の時代である。

お手伝いは「犬小屋」

それは――。

江戸の郊外、「中野の犬小屋」の建設だった。

「武蔵国児玉郡中野村お犬小屋普請のお手伝い仰せつけられ候間、その趣き存ぜらるべく候」

元禄八年（一六九五）十月、津山藩の四代長成と、讃岐丸亀藩の京極高或《たかもち》に犬小屋の御用地が引き渡された。森家が十二万坪、京極家が五万坪である。

森家で総奉行となったのが家老の関衆利《あつとし》。家老といっても森家の出自で、二代長継の十二男（二十四子）である。関家に養子に行っていた。

工事は文字通りの大車輪で進み、十一月には完成した。衆利は長成とともに江戸城に登り、老中列座の中で綱吉から時服三、羽織一、銀三十枚の褒美を拝領した。

こう書くと簡単だが、「お手伝い普請」というものが費用の負担だけでは済まされないどれほど面倒な役目だったか。どこでも筆舌に尽くしがたいものがあった。

後の宝暦年間には濃尾平野の木曾川、長良川、揖斐川の治水工事を薩摩藩島津家が命じられた。工事の遅れなどの責任をとって、五十人以上もの藩士が次々に切腹する。責任を取ってというが、幕府の役人との確執などで義憤の余りというのがほとんどだった。「薩摩義士」の悲劇である。

森家の記録である「森家先代実録」から拾うと、津山藩からは衆利をはじめ、百五十人以上の上級役人と多数の下役が出仕し、一万人の日雇い人夫（日用の者）を送り込んだ。が、幕府の普請奉行から相方である小身の京極家より少ないのではないかと嫌味を言われ、あわてて七千人を追加した。

軋轢続きでこりごり

この時代、江戸の人夫は〝普請ずれ〟していて、所定の手当ではさぼりがちで、荷駄をちょっと運んではやめ、道にたまりがちだったという。

工事に使う鍬、鋤、金づち、縄なども膨大な量が必要で、江戸中の鍛冶屋などに家中の者がつきっきりでせかし、出来次第、現場に運び込んだ。

御隠居様の二代長継も饅頭五万個、酒二十石（一升瓶で二千本分）を差し入れて人夫の機嫌をとった。

それでも家中の者と人夫の間のトラブルは避けられない。持筒役の延原多次郎が人夫と喧嘩してねじ伏せられ、それを恥じて普請場から逐電。逆に伴与左衛門組の足軽、助三郎は人夫を抑え込み、加勢の人夫が押し寄せたが、材木の上に乗って払い落すという一幕もあった。

人夫は延べ百三万五千人余り、たかがお犬様の「お囲い」と言っても規模が広大で、総工費は四万五千両余り。家中より知行の一割の借り上げや、農民、町人への臨時税の賦課、大坂の大商人からの借金などをかき集めた。

犬小屋の付近にこんな落首が残っていたことも書き留めている。

天下泰平牛馬犬の世
人はいろはの下の七文字

とにかく津山藩の上下をあげての大仕事で、衆利は役目を終えて、もうこりごりの思いで国許に戻ったことは想像に難くない。

十年で十万匹がゼロ？

「中野の犬小屋」ができたことで、それまでにあった四谷、大久保の犬小屋は廃止され、江戸の犬は中野に集められた。「徳川実紀」にはたちまち十万匹に及ぶとある。

野犬が収容されたように思われているが、集められたのはいわば町犬である。長屋、横丁、寺院などを住み家とし、そこにいる人々に餌をもらったり、拾い食いして暮らしている。当時は大奥などで愛玩されていた狆などを除いて個人で所有している犬はほとんどなく、地域犬と呼ぶべき存在だった。

江戸の町内から中野への移動は手製の犬駕籠に御用犬と書いた幟を立て、「お犬様」を乗せて運んだ。その流れは引きも切らず、祭礼のようだったという。

幕府は地主、家主などから犬小屋の経費として間口一間につき年に三分の費用を徴収し、翌年には一分に減額される。地主らも不満はあっただろうが、見廻りの役人もおり、犬をめぐって問題が起きるよりはましと我慢した。元禄九年（一六九六）には三万両以上が納められた。さすがに高すぎるとの声が出て、翌年には一分に減額される。

「残り犬百五十二匹」という記録もある。捕まえきれなくて中野に送れなかった犬の数だが、この数字が正確かどうかは別にして、この時代は江戸の町内に最も犬がいなかったのは間違いない。

元禄十二年には幕府が養育金を払って犬小屋の犬を近在の農民に預ける〝政策〟も打ち出す。一匹につき年に二分というから、結構、いい現金収入と受け取られたようで、二万匹以上が引き取られた。

やがて綱吉も死去、生類憐みの令も廃されて犬小屋の犬はどうなったのだろうか。多くが打ち殺されたとも言われるが、この分野の第一人者の仁科邦男氏は実はその頃には犬は自然に激減していたと推測している。

犬小屋はオスとメスを分けて収容していた。最近はほとんどが室内で飼われるなどの環境の変化で寿命が延びているが、長く犬の寿命の相場はせいぜい十年だった。そうなると元禄八年（一六九五）に十万匹いても、計算上は宝永二年（一七〇五）にはゼロ匹になる。

当時、地方の武士らが参勤交代などで江戸に来て暮らしていると、足元がおぼつかなくなったりして、体調を崩してしまいがちだったのに、また故郷に帰るとけろりと直ってしまう症例が多くみられた。

原因は分からず、これを「江戸患い」と呼んだ。心不全などにつながる脚気である。

明治時代になってやっと脚気の原因がビタミンB_1の不足によるものであることが分かった。このビタミンB_1は米穀の胚芽の部分に含まれている。田舎では胚芽の付いた玄米を食べていたのに、江戸ではこの部分を落として精米した白米を食べていたからだった。

いくら広いと言っても犬小屋では運動不足になる。そのうえ江戸の犬は餌も白米である。犬も脚気にかかるだろう。こうして病犬も想定外に増え、数はどんどん少なくなっていたのである。

心労からか若死

津山藩は初代忠政の後、二代長継の治世が四十年に及び、長継の長男で世継ぎの忠継は跡目を襲えないまま死去。長継は隠居し、次男の長武が三代を継いだ。ただし忠継の息子が成人したら、藩主の座を譲るという約束があった。

いわば長武は中継ぎだったが、藩政を独裁的に切り回した。こうした例にありがちな不穏な空気も生まれたが、結局、約束通り成人した兄の子が四代になった。これが犬小屋づくりを命じられた長成である。

長成に家督を渡すに当たって、長武は隠居料として蔵米《くらまい》で二万石を受け取ることになった。蔵米はその名の通り蔵に納めた年貢米をもらう収入で、自前の領地があるわけではない。藩政を仕切ってきた長武としては領地のある独立した大名になりたいところだった。

このため支藩を興そうと水面下での工作を展開したが、実現する前に没してしまう。

「お家騒動」の火種がなくなり、家中も安堵したことだろう。

ところが正統に戻ったはいいが、当の長成が病弱で、後継ぎもできなかった。犬小屋の建設の心労も激しかったことだろう。元禄十年（一六九七）六月二十日に二十七歳の若さで死んでしまう。

またみんな死んでしまったのである。

当然、長成の病の床であわてて「末期養子」（当主が危篤の際などに急きょ縁組する養子）を幕府に届け出る。眺め渡しても本家にはもう跡を継ぐ者がおらず、家老の家に養子に出ていた叔父、つまり犬小屋の総奉行だった関衆利を本家に戻し、跡目にすることになった。

六月二十九日、関衆利改め森衆利に将軍への相続の御目見えのため、急ぎ江戸に来いという老中の命が届き、七月四日、簡略な供揃えで国許を出発する。

本来なら家老ではなく殿様、しかも天下の大大名になれるのだから、心弾む旅になっていいはずだが、どうも衆利は気が乗らなかったらしい。

犬小屋の時の嫌な思い出も道中で浮かんできただろう。あの江戸での勤めが続くと思うと気も塞ぐ。

「犬小屋」奉行、乱心

衆利にとっては確かに奇縁というか、悪縁だったのだろう。

江戸に近づくにつれて、次第に気分が悪くなり、伊勢国桑名あたりで先に進めなくなった。

寺に逗留し、治療を施して、また出発したが、容体は好転しない。

藩医が朝鮮人参を大量に服用させたところ、逆に全身から汗があふれ出したという。興奮も募る一方で、ついには「乱心」してしまった。

この時、衆利は幕政への批判も口にしたという。

ある伝承によれば、犬小屋の建設中、懸命に働き、目をかけていた小者がいた。この小者は犬小屋が完成した後も現地に残り、補修などに当たっていた。ある時、犬同士の喧嘩で大混乱となり、やむなく数匹の犬を打ち殺してしまった。

小者のおかげで収まったわけだが、「生類憐みの令」に反しており、幕府から咎められることは間違いない。主人の衆利に累が及ぶことを恐れ、自ら死を選んだ。

この顚末を道中で衆利が知り、怒りが募って「乱心」の引き金になったという。

国許と江戸屋敷の間に、状況を報告し、対策を伝える早馬が行き来し、「乱心」を隠しに隠したが、道中のことでもあり、やがて幕府の知るところとなる。

結局、森家も改易を覚悟し、父で先々代に当たる二代長継が「ご恩を被りながら、ご奉公ができなくなった」と幕府に伝えた。口上書には「私儀、当年八十八に罷り成り、今度、家を潰し申す儀、残念至極に存じ奉り候ところ、お察し下さるべく候」とある。

八月二日、結局、幕府は「式部（衆利）儀、乱心致し候、之に依って、美作国召し上げられ候」と申し渡し、津山藩は無嗣断絶と決まる。

十月には幕府の上使、陸奥一関藩主の田村右京太夫が津山城を受け取り、津山藩森家は幕を閉じる。

ちなみにこの時、津山城を預かったのは広島の浅野本家。四年後に支藩の浅野内匠頭が刃傷の咎で江戸城から罪人として出され、切腹したのはこの田村の江戸屋敷である。今は西新橋となっているが、昭和の頃は田村町という名が残っていた。

後篇：浅野家で仇討

取り潰しで再就職

さて忠臣蔵の三人である。

忠臣蔵は最も人気のある歴史上の出来事のため、虚実がないまぜになった膨大な史料がある。主役ではないこの三人についても諸説が錯綜している。

多くの著作は三人とも森家に仕えていて、元禄十年（一六九七）に津山藩がお取り潰しになった時に浪人し、ほどなく浅野家に拾われたことになっている。なるほどこれならわかりやすい。高名な歴史学者も多くがさらりとそう書いている。

が、これは厳密に言うと、違うようである。

あまたの史料の中で、ここでは三人が吉良邸への討ち入りの後、幕府に提出した「親類書」を見てみよう。この期に及んで虚偽を書く必要もなく、間違いのない自己申告書である。

まず神崎与五郎。祖父は森美作守（初代忠政）に仕え、父の半右衛門については「森美作守（四代長成）様に相勤め」と書いてある。父は長継、長武、長成の三代に仕え、奉行を勤めて十三石三人扶持。改易によって浪人した。

次に茅野和助。祖父は「森内記（二代長継）様に相勤め」とあり、父は「浪人にて罷り在り」。父は三代長武に二百石で仕えていたが、たびたびの諫言が受け入れられず、退身して隠棲したといわれる。

横川勘平。祖母は「森美作守（初代忠政）に仕えていた者の娘」。父は浪人で赤穂に住んでおり、「先主御座無く候」としている。横川を丸亀の人とする史書も多いが、これは正しくないと思われる。父は生まれながらの浪人だが、津山の森家の家臣の曾孫である。

間違いないのは三人とも森家に仕えた家の出であること、特に神崎と茅野は元禄九年の隠居の長武の死去、元禄十年の森家の取り潰しの後、赤穂に出て浅野家に相次いで再就職したことである。

横川はそれより前の仕官。元禄六年、改易された水谷《みずのや》家の備中松山城の受け取りに浅野家が軍勢を仕立てて向かった際、その中に名がある。

五両三人扶持

吉良邸の討ち入りでは上級武士の不参加や途中での脱盟が目立つのに対し、下級武士の参加の割合が多かったことはつとに指摘されている。

蓄財が乏しく、いわゆる「食いつめ浪人」となる先行きへの不安から、いっそ華々しく散ろう、あるいはひょっとしたらもう一花咲かせることができるかも知れないとの思惑があったとも言われている。

大石が管理して、浅野家の再興運動の工作や、江戸との往復の旅費などに充てた浅野家の「預かり金」を当てにしなければ暮らしが成り立たない者がいたのも事実である。実際、支援のカネを大石から支給されている。

大石に「行動を共にする」という神文を出していたとみられる者のうち、お家再興の可能性が消え、いよいよ討ち入りが現実のものになってから離脱したのは番頭で千石取りだった奥野将監をはじめ、百石から三百石取りの者が多い。

これは身代が五万三千石の赤穂藩では高禄で、奥野や物頭の進藤源四郎、小山源五左衛門は大石の縁戚でもある。

一方で軽輩の神崎ら三人の五両三人扶持は今ではどの程度の水準なのだろうか。

一両がどのくらいに当たるかの算定はいろいろある。日本銀行の金融研究所貨幣博物館では米の値段で比べると約六万円、大工の手間賃だと三十万〜四十万円、ソバの代金だと十二万〜十三万円という試算を出している。

あえて中間の十三万円としてはじくと、五両は六十五万円。これが本給。加えて手当として三人扶持。一人扶持は一人分の米。一日五合（朝、夕の二食）の割合で、年間では一石八斗二升五合。三人扶持なら五石四斗七升五合となる。一石を一両で計算すると、全部で百五十万円程度。神崎と茅野は徒目付の役料を別に五石、もらっている。それでも年収は二百万円余り。

これはあくまでも目安で、現代との比較は実情でも感覚でも難しい。

そのうえ神崎らは再雇用されて日も浅く、いわば「試用期間」で、これから加増されていく過程だったのかも知れない。その前に取り潰しで収入は途絶えてしまい、少なくともまだ蓄えなどはなかっただろう。

「食いつめ」に猛反発

神崎らはこうした先行きのあてがないことから、討ち入りに走ったという声に強く反発、討ち入りの盟約に名を連ねなかったり、途中で脱盟した上級家臣を面罵している。

赤穂城の明け渡しの後、神崎らが最初に挙げた〝手柄〟は、赤穂から逃亡した家老の大野九郎兵衛がなじみの商家などに託していった荷物を差し押さえたことだった。

大石の縁戚で盟約から離脱し、〝裏切者〟となった進藤は討ち入り組のことを「いま事を果たさんと欲する者は皆な餓死をにくんで忠臣に似たる成り」、すなわち飢え死にしたくないから忠臣のように見せているだけだと言っていた。

神崎はこれに怒り、「汝忠臣を棄てて、飢うる没きを採るか」と憤りが止まらない。

横川も討ち入りの前に「欠落者」の名を列記した一覧表をわざわざ書き残し、特に奥野、小山、進藤らを、計画が本物になるとにわかにはずれた「大臆病者」と糾弾している。

茅野は縁者への書状でこの場を逃れたのでは一家の面目にもかかわり、武士の道をはずれることになってしまうとしたうえで、「人たるもの一生わつか間　一たびは是非共死ぬる命に御座候へは、ちと早く相果迄《あいはてる》の事に御座候」、つまり人間は短い一生の間にどうしても一度は死ぬので、早く死ぬだけのことだとあえて潔い心境を伝えている。

ただ身分の低い三人と主君の内匠頭との交流はどれほどあったのか。新規召し抱えの対面ぐらいはあったかもしれないが、言葉を交わしたことはないに等しかっただろう。しかも採用から解雇までわずか四年。拾ってくれた恩義から来る「忠義」の念よりも、武士としての「面目」や「人前《ひとまえ》」を大事にする思いの方が勝っていたはずである。

これが家老として浅野家という「家」の面目を思った大石や、内匠頭と内々の特別な関係があったとされる片岡源五右衛門、途中入社でも側近だった堀部安兵衛らの内匠頭という「個人」への忠義が主たる動機となっている者たちとの違いである。

理不尽、怒りは二乗

神崎らの胸中には浅野家累代、あるいは内匠頭側近の家臣にはない、あるいはもっと突き動かされる動機があった。それは理不尽な世への怒りが格段に強かったことではないだろうか。

犬小屋の建設で命を縮めたかのように森家の長成が早死にし、実際に工事の指揮で振り回された衆利が藩主になる前に乱心してお家断絶となった。やっと再仕官が叶った浅野家もまたお家断絶である。

「犬将軍」の気まぐれによる何らのやりがいも見いだせなかった「お手伝い普請」、喧嘩両成敗の大法をないがしろにしたあまりにも拙速としか言いようのない処断。

二人、もしくは三人の旧主への度重なる幕府の仕打ちはわが身の不幸とあいまって、怒りが浅野家の分と森家の分で二乗になっていただろう。

だから「軽輩」でも「新参」でも三人に迷いはなく、その行動は討ち入りへ一直線だった。

神崎は「小豆屋善兵衛」と称して、前原伊助とともに吉良邸の裏門のすぐ近くに店を出して、屋敷の様子をずっと窺っていた。

前原の変名は「米屋五兵衛」、店も「米屋」を称したが、米や雑穀だけでなく、野菜、果物、糸類、小間物なども売る「何でも屋」。江戸版のコンビニである。

これより前、神崎は麻布谷町でも店を開いていた。上杉家の中屋敷の近くである。

上杉家は吉良の長男が養子に入って米沢藩主となっており、吉良を引き取るのではないかとの噂があった。扇子、団扇などを担いで、藩邸の長屋を回り、偵察した。

この時の名乗りは「美作屋善兵衛」。森家の領地だった故郷の美作津山を意識している。

吉良邸のすぐそばの店に移る時に、さすがに播州赤穂の隣国の名では怪しまれかねないので、改名したと思われる。

偵察が目的だから、愛想はいい、値段は安い。繁盛して、吉良家の長屋の面々もお得意になっていたという。

火事だと言えばすぐ屋根に上がり、風だと言えばまた屋根に上がり、吉良邸内をうかがい、情報をまとめて図面もでき上った。

ちなみに映画などの「忠臣蔵」ではイケメンの岡野金右衛門が吉良邸の普請をした大工の棟梁の娘（妹とも）と恋仲になり、そのつてで図面を入手するというのが定番だが、実際、岡野はこの米屋で手代として働いていた。

後は吉良が必ず在宅の日を見極めるだけである。

茶の湯で決行日

討ち入りの日が決まったのはその日に吉良邸で茶会があり、亭主の上野介の在宅が間違いないからだった。

吉良は大の茶の湯好きで、上野介の上の字を分けて「卜一」と号した。千利休の系譜に連なる山田宗徧《そうへん》（四方庵）との交流があり、宗徧に弟子入りした大高源五が情報をもたらしたというのが定説である。

この間、横川も茶の湯の仲間として吉良邸に出入りしている住職と知り合いになっており、この住職に吉良邸への出欠の手紙の代筆を頼まれたことで、最初は十二月六日、変更になって十四日に茶会との情報が裏打ちされた。時あたかも十四日は内匠頭の命日（厳密には討ち入ったのは十五日未明）である。

実はこの住職は四方庵と同一人物だったとも言われるが、いずれにせよ大石は大高、横川の二方面から探らせていた。

実際の討ち入りの際も三人は活躍する。森家では弓組だったとされる神崎らが、吉良の家臣が寝ていた長屋に矢を射込んだのが闘いの号砲。

茅野は吉良の寝所にまでぐんぐんと進む。が、既に夜具だけが残ってもぬけの殻だった。ここで機転をきかせて布団の中に手を入れ、「まだ温かい、近くにいるはずだ」と同志を促して捜索を続けた。

しかし取り逃がしたのではないかという一抹の不安もあったのだろう。寝所に戻って墨をすり、「浅野内匠頭家来、大石内蔵助始若もの共四十七人、此所迄押込候所、上野介殿此所に不被成御座候」と壁に大書した。万一の場合も我々はここまでやったという証拠を残そうとしたもので、茅野の思いがあふれている。

　吉良家は討ち死が十六人、負傷者が二十一人。討ち入った四十七人はいずれも命に別条なく、鎖帷子《くさりかたびら》などを着けていたこともあって、目立った刀傷を受けたのは横川だけだった。ほとんどの怪我は打撲くらいで、ここにも横川の奮戦ぶりがうかがえる。

そろって水野家に

　離脱した寺坂を除く四十六人は熊本藩細川家、松山藩松平家、長府藩毛利家、岡崎藩水野家の四家に分けて預けられた。三人はそろって水野家に引き渡された。上屋敷から三田の中屋敷に移り、一緒に最期の時を過ごした。

　水野家は元禄十六年（一七〇三）正月には元旦に新しい小袖、上帯、下帯、足袋を支給、三が日は二の膳、七菜で、雑煮も出した。折に触れて生まれ故郷の津山を懐かしんだことだろう。

　茅野の句がある。

　「初夢の願もなうて今朝の春」

大石の辞世

「あら楽し思いは晴るる身は捨つる浮世の月にかかる雲なし」

に通じる。一同、満足が共通の心境だったのだろう。

二月四日、本来、徒党を組んだ狼藉にもかかわらず、幕府の命で切腹という武士としての名誉ある死をここで与えられている。高輪泉岳寺でも三村次郎左衛門を挟んで、三人の墓石が並んでいる。ずっと三人は一緒である。

この三人の生きざまを見ると、「赤穂浪士」であって「津山浪士」であり、間違いなく「浅野家の討ち入り」は「森家の討ち入り」でもあったのである。

ちなみに改易で四代を限りに大大名の座を滑り落ちた森家だが、二代長継が長命だったことが幸いした。

衆利の乱心の際、自分が生きているうちに家を潰すことになる無念さを伝えた口上書で、幕閣の同情も得たのだろう。長継には隠居料として新たに二万石が認められ、備中西江原（岡山県井原市）で小藩として残る。

乱心した衆利もこの地で七年間を過ごした後、三十三歳で没した。

宝永三年（一七〇六）、この森家の西江原藩は転封を命じられる。その行き先は何と赤穂だった。こうしてかつての家臣から赤穂浪士を出した森家は二万石の赤穂藩主として明治まで続くのである。奇縁としか言いようがない。

明治の仇討禁止令

浅野家から森家に藩主が代わった赤穂藩だが、「仇討」は明治になっても起こった。藩内の争いで、「高野《こうや》の仇討」として知られる。

その伏線は幕末の安政四年（一八五七）に起きた。

十代森忠徳《ただのり》の世子が急死し、跡目をめぐって家老の森主税《ちから》、用人の村上天谷《てんごく》の一派と、年寄の森続之丞の一派が対立した。それぞれが別の候補を立てて争ったが、主税・天谷派の推す忠典《ただつね》が十一代となった。敗れた続之丞派は蟄居、隠居などの処分を受けた。

文久二年（一八六二）、下級藩士の一部は尊王攘夷の急進的な思想を強め、藩政を主導していた主税・天谷を排し、続之丞を復権させることを計画する。

十三人の下級藩士は手分けして、実際に二人を襲撃し、殺害してしまう。

殺された天谷の長男は国事周旋役として上方にいたが、急ぎ帰国。が、次男、四男とともに閉門となる。特に次男は永の暇となり、退去の途上、襲撃の企てのあることを知り、自刃して果てた。

やがて藩内も落ち着き、この天谷の係累、つまり閉門となっていた長男、四男らの「村上兄弟」は小姓などに復帰する。

一方、天谷らを殺害した十三人の下級藩士は土佐藩の陣屋に匿われたりした後に帰藩するが、脱藩して「禁門の変」に参加するなどの道を歩み、明治元年に長州藩から赤穂藩に引き渡された時には七人になっていた。

明治四年（一八七一）、赤穂藩は村上天谷の名誉を回復し、襲撃した生き残りも全員、赦免、復籍のうえ、殺生禁断の高野山に森家墓所の守護の名目で派遣した。「村上兄弟」の復讐を懸念した配慮だった。

が、「村上兄弟」はこれを逆に絶好の機会と見た。高野山の聖域を目前にした地点で待ち伏せし、一行が通りかかったところを襲撃し、全員を討ち取った。

「村上兄弟」に死者はなく、五條県庁に自首した。

明治六年、新政府は死罪にすべきところ一等を減じ、禁錮十年とするなどの「村上兄弟」への処分を申し渡した。同時に「仇討禁止」の太政官令を布告した。

赤穂藩は浅野家が仇討で有名になり、森家は仇討に終止符を打ったのである。

これも奇縁と言うほかはない。

第四章　自害「首なし」ブリ百匹

——福知山藩稲葉家

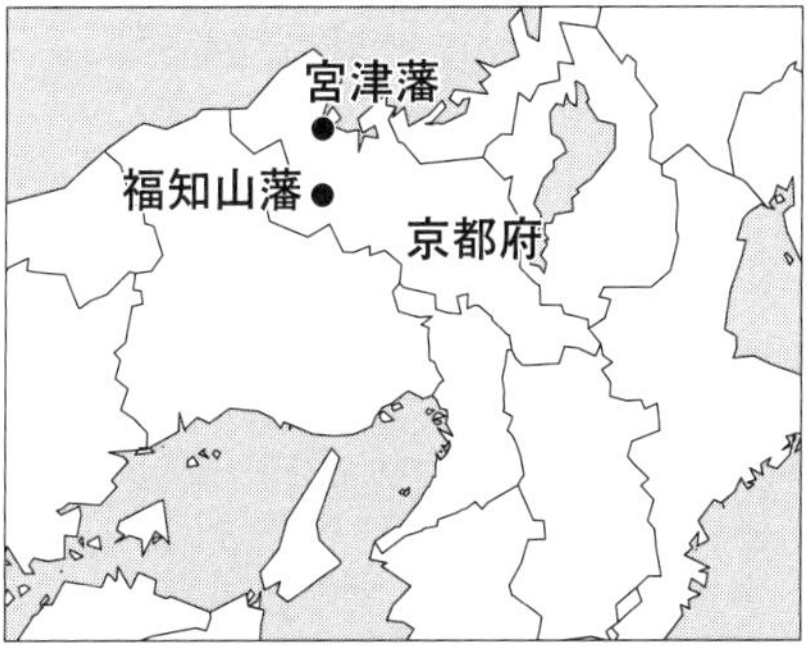

前篇：稲葉家の殿様乱心

恵まれた後ろ盾

京都丹後鉄道（丹鉄）の路線の一つに宮福線がある。

その名の通り、若狭湾に面した海辺の宮津と、山々に囲まれた盆地の福知山を結んでいる。


「寒ブリの季節だ」

江戸時代初期、雪がちらつく光景を眺めながら、福知山藩主がこうつぶやき、隣接する宮津藩主に所望した。

それだけで事件は起き、福知山藩主は自害することになってしまった。


稲葉淡路守紀通《のりみち》。四万五千七百石の丹波福知山藩主である。

いつの人かと言えば、三代将軍家光の将軍在位と紀通の福知山藩主在位の期間はほぼ重なっている。

家光の乳母として権勢を振るった春日局と縁がある。祖父の稲葉重通は春日局の母と従兄妹で、父の斎藤利三を失った春日局を養女にした。従って紀通は義理の甥に当たる。紀通の姉は家光側近の老中、阿部忠秋に嫁いでいる。春日局の子の稲葉正勝、孫の正則も相次いで老中になった。幕閣とのつながりもあり、恵まれた人脈の中にいた。

生まれは慶長八年（一六〇三）。五歳で父の道通《みちとお》の遺領、伊勢田丸藩（三重県度会郡玉城町）の四万五千七百石を継いだ。初陣は「大坂冬の陣」で、十二歳だった。

この時、紀通は松平忠明の陣で戦った。

忠明は奥平信昌と徳川家康の長女である亀姫の間の子で、家康の外孫に当たる。亀姫は家康の最初の妻で、非業の死を遂げた築山殿《つきやまどの》の娘。忠明はこの縁から後に家康の養子となり、松平を称した。

豊臣家の滅亡の後は摂津大坂で十万石を与えられた。まだ余燼のくすぶる大坂の復興は忠明の手で進められ、運河の開削、市街の整備、町制の確立などを図った。新しい堀の開削に私財を投じた安井道頓にちなんで、その堀を「道頓堀」と名付けたのも忠明である。

徳川家の正史である「徳川実紀」には「紀通は忠明が婿」とある。家康の係累で、大坂城を任されるほどに信頼が厚かった人物が後ろ盾だったのである。

ただ徳川時代中期に幕府が編んだ「寛政重修諸家譜」にはその記載がない。後の不祥事

〈稲葉紀通略系図〉

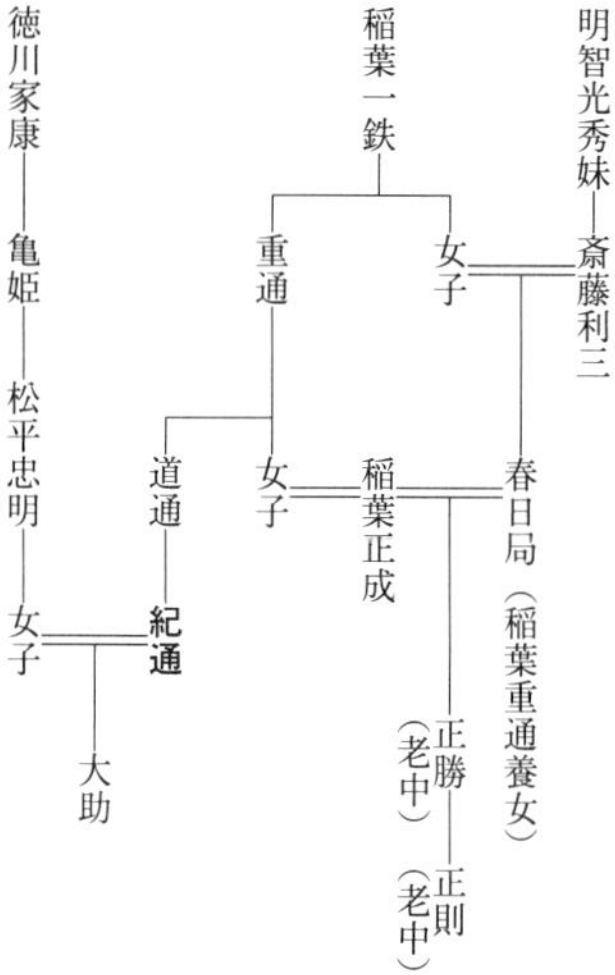

＊斎藤利三の母が明智光秀の妹であることは「徳川実紀」による

のせいでこの婚姻は〝抹消〟されたのだろうか。

大坂の陣では紀通の家中から大坂城に立て籠る者も出たが、「敵の首十切って献ず」と「徳川実紀」にある。

元和二年（一六一六）、紀通は摂津中島（大阪市東淀川区）に同じ石高で移封された。保護者的な存在の忠明が自分の領地の近くに迎えたということだったのだろう。

残虐な「桶伏せ」の刑

寛永元年（一六二四）、幕府は摂津中島を直轄地にし、紀通は福知山に入った。

福知山城は織田信長の命で丹波を平定した明智光秀が築城した。光秀が築いた石垣は今も残り、五輪塔、宝篋《ほうきょう》印塔などの墓石、供養塔を大量にはめ込んだ「転用石」が有名である。

光秀の重臣で、「本能寺の変」の指揮をとった斎藤利三は春日局の父であり、春日局は稲葉家の一門の正成に嫁している。福知山城主への起用はこうした由緒をも考えたものなのだろうか。

「福知山出て長田野こえて、駒を早めて亀山へ、明智光秀丹波をひろめ、ひろめ丹波の福知山」というのは「福知山音頭」の一節だが、光秀とのゆかりと、福知山が交通の要衝であることが歌い込まれている。

光秀の死後は秀吉の養子となった織田信長の第四子、秀勝が亀山城にいて福知山城も支配した。江戸時代に入ると後に久留米藩主となる有馬家、岸和田藩主になる岡部家が治め、稲葉紀通に続く。

紀通はそれなりに優遇されている。

が、もともとが戦国時代の気風を残したお坊ちゃん育ちであり、幕閣で重用されるわけでもなく、二十年を超す山あいの地での平凡な生活は自らの気分にそぐわないものでもあったのだろう。

やがて春日局、忠明という後ろ盾もなくなり、性格によるものか、時代によるものか、紀通の治世には粗暴な振る舞いが目立ってきた。

「家来之者幷領分之百姓等数多令殺害之由　其聞有之」（「江戸幕府日記」）

慶安元年（一六四八）七月には領内の報恩《ほおじ》寺村の庄屋一家が処刑される事件が起きている。片岡治兵衛という庄屋がイノシシが田畑を荒らして困っていると訴えたところ、次に出た時は大掛かりな狩りをやるので直ちに知らせよとの触れを出した。ところが実際に通報を受けて狩りをした時には一匹も捕れなかった。

紀通は年貢を納められない言い訳にイノシシの被害を使っていると受け止め、藩主を欺いた罪で一家の五人を「桶伏《おけぶ》せ」の刑にした。

これは顔だけを出させて身体を地中に埋め、頭に桶をかぶせる。一定の時間を置いて桶をとり、生きているかどうかを確かめて、生きていればまた桶をかぶせるという残虐な刑である。

この報恩寺村の処刑は史実として確認されているが、イノシシ狩りに絡んだ同じような言い伝えは他にもある。

例えば印内地区の伝承では「桶伏せ」の桶を上げると、埋められた夫婦二人はともに舌を噛み切って死んでいた。その二人の子供は刑吏が左手で子供を持ち上げ、右手に持つ刀で斬り下げる「下げ斬り」にしたと、一段と悲惨な描写になっている。

子供が着ていた綿入れが真っ赤に血で染まり、そのまま永く刑場に捨て置かれたままになっていたという。

後に改易されたので、ありがちなことだとしても、残されている史料の多くが家臣、領民への苛烈な対応を示すもので、紀通の粗暴な振る舞いが広く知られていたことは間違いない。

幕閣への贈答と疑う

紀通が経てきた伊勢田丸藩、摂津中島藩と、福知山藩とは地理的な違いがある。田丸藩の領地は海に面しているし、中島藩も水運の要衝で、海に通じている。特に田丸藩は魚がふんだんに獲れた。

紀通は福知山城の天守から囲まれた山々を眺めるたびに、その向こうの海、そして生きのいい魚を思った。

その北の向こうの海である若狭湾はサバ、ブリ、タイなどの魚介類の宝庫。古来、アマダイは「若狭ぐじ」と呼ばれる最高級の食材だし、輸送ということではサバを京都に運ぶ「鯖街道」がその昔から有名である。

だから季節の寒ブリが脳裏に浮かんだ時、紀通は若狭湾を抱える隣の宮津藩主である京極高広に頼めばいいと思いついた。さっそくブリを百匹、送ってほしいと気軽に頼んだ。

二人は参勤交代の時期が同じで、江戸での在勤中、一緒になることもあった。様々な記録に名前が同時に出てくる。

例えば「徳川実紀」の寛永九年（一六三二）十月五日の項には「堀尾山城守忠晴、京極丹後守高広、稲葉淡路守紀通参勤す」とある。殿中での将軍への拝謁の際などに同席し、知り合いであったことが窺える。

事件が起きた慶安元年（一六四八）も二月二十三日に一緒に参勤交代の「お暇」、つまり江戸から自分の領地に帰っていいという許可を得ている。京極は目を患っていて、登城しなかったが、同じ頃に福知山と宮津に戻っていたはずである。

ブリを送ってほしいと使いを出したのもこの時だろう。

殿中で同席し、知り合いであったことは間違いない。が、知り合いであることと、昵懇《じっこん》であることは別である。

知り合いであるからこそ、かえって相手が気に食わないということもある。

稲葉はこれくらいはどうということはないだろうと簡単に頼んだが、京極は素直には受け止めなかった。

京極家は足利幕府の四職《しき》の一角を占めた名門中の名門。

高広の父の高知は「関ケ原の戦い」の後、丹後一国の十二万三千石を得て、「国持大名」になった。これを長男、次男、甥の三人に分割し、宮津、田辺、峰山の三つの藩ができた。

高広は長男で宮津藩の七万八千二百石。京極家の嫡流であり、当然、気ぐらいが高く、稲葉などは成り上がり者と見下していただろう。

例えば高広の嫡子の高国は八朔《はっさく》などの儀式で将軍に拝謁する際、筑前藩黒田家、土佐藩山内家、宇和島藩伊達家という大藩の嫡子と一緒に罷り出る扱いを受けている。

稲葉が将軍家や幕閣とのつながりが深いのも気に食わない。

そんな色眼鏡で見た結果、稲葉のことだから送ったブリを幕閣への贈答に回しかねないと疑った。

まずは待たせた。結局、寒ブリの季節が終わりそうになるころになってようやく百匹を届けた。

遅いことにいら立ちが募っていたが、待ちに待った荷の到着である。

が、喜んで荷を解いた稲葉は仰天した。

百匹のブリの頭がことごとく切り落とされていたのである。

こうしてしまえば贈答には使えない。京極は自分の〝知恵〟を誇ったかも知れない。

しかし武家に「首なし」の魚を贈ることが縁起の悪い非礼も非礼であることは言わずもがな。

稲葉は憤激した。

往来の飛脚に発砲

すぐに領内を通行する京極家の家人を見つけたら知らせよと命じた。実際に京極家の飛脚が通ると聞いて、鉄砲を放った。

弾は当たったが、それは京極家ではなく、他国の飛脚だったという。

日頃、粗暴な振る舞いで知られていただけに、周辺の他藩は周章した。

福知山が交通の要衝であったこともこの場合はよくなかった。

さっそく「稲葉紀通が往来の旅人を殺害しており、謀反の企てがある」との注進が諸藩から相次いで幕閣に届いた。

「徳川実紀」は新井白石が後に書いた「藩翰譜」を引用する形で、紀通が福知山城の櫓に登り、鉄砲を撃ったとしているが、実際に藩主自らが狙撃し、それが街道の通行者に当たったというのはにわかに信じがたい。

実は飛脚の狙撃などではなく、紀通の日頃の治政に関して、幕閣には懸念が強まっていた。

ここは後世に編纂された史料ではなく、リアルタイムの「酒井家文書」に拠る。

白峰旬氏の研究によると、慶安元年（一六四八）八月十一日、京都所司代の板倉重宗が若狭小浜藩主の酒井家に書状を出し、紀通の精神状態が尋常ではないようなので、情報を収集してほしいと求めている。

そのうえで八月十三日には紀通がイノシシ狩りに絡んで庄屋とその女房を成敗したほか、領内の百姓、男女合わせて六十人を処刑したこと、既にこのことは江戸へ注進したと酒井に伝えている。

頻繁な書状のやり取りを経て、小浜藩は福知山藩の「近国」に当たるため、幕府からの出兵の要請が来ることを予想、藩主の忠勝の名で国許の重臣に書状で対応を指示している。

その内容は①稲葉紀通が「気違」となり、人を多く殺害し、福知山城の周りの大木を切り、二の丸の空堀を浚って水を溜めた②こうした「不作法」が上様（家光）の耳に入り、江戸へ来て弁明せよとの奉書が八月十八日に出た③万一、江戸へ行かず「城籠」になったら、厳重な処罰の命が出るだろう――というものである。

紀通の「籠城」も想定し、その場合は「近国之人数」として、いずれも丹波国の松平忠国（篠山藩主）、松平忠晴（亀山藩主）、小出吉親（園部藩主）、織田信勝（柏原《かいばら》藩主）、九鬼隆季（綾部藩主）、それに京極高広の六藩が軍勢を差し向けると伝えている。

自害で一気に終息

謀反の噂が噂を呼んだのか、事態は急速に緊迫してしまった。

しかし局面は一気に転換し、事件はあっけなく終わる。

当の紀通が自害してしまったのである。

「徳川実紀」によると、紀通は大坂に老中の阿部重次が来ていたことから、そこに出向いて「身の罪なき事」の申し開きをしようとする。

しかし早くも隣国の諸藩が近くまで押し寄せてきたと家臣がひそひそ話をしており、紀通はこれを聞いて絶望する。

実際、紀通にしてみれば、どうして謀反などという話が出ているのか、全くわからなかっただろう。

「自分は徳川家の恩を蒙り、何の恨みを抱いて謀反を企てることがあろうか。隣国の諸侯らが自分の所領を横領するために、浮説を言い触らし、討手となって向かってきているのだ」と言って、このうえ恥をさらすよりはと自害してしまった。

鉄砲の火薬をまき散らし、自分の遺骸は火薬に火を付けて焼くようにと言い置いたという。ここから鉄砲で自殺したともいわれ、土佐藩主の山内忠豊は書状に「鉄砲自害」と明記している。

多くの記録は切腹になっている。自害したこと以外、本当のところは分からないが、勝手に鉄砲を放ったとなるとそれ自体が罪になりかねないので、切腹にするのがこの時代の〝常道〟ではある。

それだけ紀通の精神状態が異常だったわけで、木立の上にいた鳥をまず撃ち、その死骸を自分の膝の上に置いて、「我が死出の旅の供をせよ」と語りかけて、引き金を引いたという伝承もある。享年四十六。

これが八月二十日の出来事である。家光からの江戸への出頭を命じる奉書が届く前だった。

紀通の戒名は「顕龍院殿胸雲祚晴大居士」。顕龍院は福知山城内にあった寺。胸をふさぐ雲が晴れ、龍となって天に昇るという意味だろうか。やはり心の病があったのだろう。

このような主人でも小姓から用人になっていた野原政次が殉死、一年後に同じく近習だった種田正吉が後を追っている。京都の妙心寺の塔頭、雑華院にある紀通の墓の前に二人の墓もある。

あまりにも唐突で、かつ奇妙なお家断絶だったせいか、その後の家臣の去就についてはまとまった史料がない。「稲葉淡州公（紀通）断絶の後浪人にて此所に住す」といった断片的な記載が各地の史誌に散見されるだけである。

ただ紀通はともかく家臣への同情は強かったようで、他藩に仕官できた例もみられる。

殉死した野原は次男で八人兄弟だった。長男は親族で旗本の稲葉家、四男は奥平家、五男は堀田家に召し抱えられ、八男は田畑を持って領外の氷上郡に住んだ。

同じく殉死した種田の二人の子は親族で豊後臼杵藩主だった稲葉信通に小姓として招かれ、後にそれぞれ二百石、百五十石を与えられている。

しかしこれらは親兄弟の〝忠義〟を愛でての幸運な例とみられ、武士を捨てて帰農した者、不慣れな商業に手を染めた者、多くが極めて苦しい境遇に追い込まれたことは言うまでもない。

謀反は完全な空事

幕府は九月一日、江戸城に出仕した大名を集め、事件の内容を説明するとともに、「今後もこうしたことがあるだろうが、風説をもって仕置きに及ぶことはないので、奉書が届けば江戸へ来て、申し開きをすればよい。紀通のように早まることのないように心掛けよ」と申し渡した。

この時点では幕閣も落ち着きを見せ、紀通に謀反の意志はなく、早まったのではないかとの判断を既に匂わせている。

紀通には三人の男子があったが、相次いで夭折し、末子の大助だけが残っていた。大助は縁戚の小田原藩主、稲葉正則にお預けになった。正則は春日局の孫で、やがて老中となる。

翌年、幕府は紀通の謀反について「あとかたもなきそらごと」ときっぱり否定する判決を下し、没収していた家財を大助に渡した。

判決は検使を福知山に送って調べたところ、居城に新たな要害を構えた形跡は見られず、病気のために自分を忘れ、きちんとした統治ができないことはあったが、幕府に不届きな仔細はないことを明確にした。

そのうえで大助には心にまかせてどこに住んでもいいと沙汰した。

こうしたいきさつや、幕閣に縁者がいることから、大助が成長しさえすれば、新たに取り立てられる可能性は大きかったと思われる。

が、折から猛威を振るっていた疱瘡（天然痘）に大助も感染し、事件から三年後の慶安四年（一六五一）に四歳で死去し、紀通の稲葉家は絶えた。

この顚末を後世から見ると、何やら幕閣が羹《あつもの》に懲りて膾《なます》を吹いた感もぬぐえない。とりわけ稲葉家が譜代の名門であり、時をおかずに〝無実〟となったことからもなおさらである。

が、江戸時代初期の慶安という時期にはまだ「籠城」という武断的な行動が現実のものとして残っていたことが分かる。

将軍の代替わりの前後で、間もなく「慶安の変」と呼ぶ由井正雪の乱も起きており、幕府は揺らぎを見せたり、付け入られることのないよう、過剰なほどの対応をとっていたことを示している。

後篇：京極家も親子喧嘩

後継は恩情の治政

福知山藩は稲葉家の改易の後、一時的に幕府の直轄領となったが、慶安二年（一六四九）には三河刈谷藩から松平忠房が入った。

もともと福知山藩の厳しい年貢の取り立ては、稲葉家の二代前の有馬家が八万石から十二万石への「高直し」を図ったことに端を発している。領地の石高が増えれば、年貢も増えるわけで、領民は抵抗した。

紀通が自害した騒動の最中に、有馬家以来の「検地帳」が領民によって盗まれるという事件も起きている。

検地帳がないと、次の藩主への引き継ぎもできず、稲葉家の重ね重ねの大失態であり、面目を失った。それだけ領民の恨みが強く、藩主との緊張状態が長く続いていたということだろう。

「桶伏せ」で一家が残らず処刑された庄屋の片岡治兵衛。その祖先は永禄二年（一五五九）に落城するまでは法恩寺城の城主だった土豪という。治兵衛にも地侍としての矜持があり、歴代の過酷な領主への反発があったはずである。

それが村内の窮状を見かねての年貢の減免の申し出につながり、「イノシシの被害による不作」を理由にしたところ、紀通の逆鱗に触れて惨刑に処されたわけである。

罰せられて召し上げられた治兵衛の土地は村中の責任で耕作し、年貢を納める「村惣作地」になっていた。

慶安四年（一六五一）、治兵衛の下で奉公していた仁兵衛が譲り受けたいと村方に願い出た。

願書の宛名は庄屋の孫右衛門で、村方一同これを了承し、領主の松平家の許可を得た。この孫右衛門は「桶伏せ」になった治兵衛の弟で、兄に連座して入牢していたが、松平家が釈放して、治兵衛と同じ庄屋に取り立てた。

松平家は闕所《けつしよ》（没収地）になった土地を「隷属下人」に与えて、独立した「小前百姓」にしたりもしている。

孫右衛門の子孫が残した累代の控えには「主殿頭様（松平忠房）の莫大なご厚恩をないがしろにしてはならない」とある。事件の直後ということもあって、領民への向き合いが稲葉家とは大いに違ったことを窺わせる。

高価な茶入れ購入

「首なし」のブリを贈った京極高広、こちらも稲葉紀通に負けず劣らずの人物だったらしい。

茶の湯に凝り、道具に金銭を惜しまなかった。が、そのぜいたくが思いがけず遠く飛騨の農民を救ったことが史書に残っている。

「雲山肩衝《かたつき》」という茶入れがある。「茶器便覧」によると、「雲山は切なり、紫地へ共色にて模様織出す、此切れを懸けしより名とす」とある。

豊臣秀吉が所持していたが、堺の茶人に渡った時、千利休らを招いて茶事を催し、この茶入れを披露した。

ところが利休は一向に褒めない。茶人はがっかりした余り、炉の中に叩き入れて割ってしまった。

驚いた別の茶人が破片を持って帰り、漆で継いだ。改めて利休を招き、何食わぬ顔でこれを出すと、利休は「これはあの雲山だろう。やっと面白いものになった」と褒めた。

いかにも利休らしい伝説である。

その後、いくつかの転変を経て、この茶入れは飛騨高山藩主の金森可重《かなもりよししげ》に伝わった。跡継ぎの重頼は相続の際、父の遺物として将軍の秀忠に献上したが、秀忠は「伝来の名器であり、子孫が秘蔵するのがよかろう」と返却し、金森家の蔵に納まっていた。

元和八年（一六二二）、飛騨は大飢饉に見舞われた。当時のやり方として年貢を納められない農民の代表を見せしめの磔《はりつけ》にした。が、長く重頼はこの処罰を気に病んでいたという。

それから二十年近く経った寛永十八年（一六四一）、飛騨はまた大凶作に見舞われた。

その時、はからずも京極高広から「茶入れを譲ってほしい」との申し入れがあった。

由緒ある家宝であり、心残りもあったが、元和の大飢饉も思い出し、重頼は売却を決意した。三千両だったという。これで米を買い、領民を救済した。

茶入れを手に入れた高広は大名物に満足したが、いかにも継ぎ目が素人っぽいので、きちんと修理した方がいいのではないかと思った。

相談したのは伏見奉行を務めながら茶人、作庭家としても知られた小堀遠州。小堀は利休の顛末を知っており、その答えも「こういうものはそのままにしておくのがいい」だったという。

親不孝で取り潰し

高価な道具の買い入れでもわかるように、肝心の高広の治政の方はとても褒められたものではなかったようである。

承応三年（一六五四）には多くの農民が田畑を捨てて他所に逃れる「逃散《ちょうさん》」が多発するという失政を起こしており、長男の高国に家督を譲った。

剃髪して安智斎と号し、一万石の隠居料を得て領内に住んだ。

跡継ぎの高国も次第に領民への粗暴な振る舞いが目立ち始めた。隠居になっても高広が藩政に介入したからか、高国を見かねてやむなく助言したからか、どちらが主かは分からないが、二人の対立は抜き差しならないものになっていった。

高広はついに高国の「諸悪事四十八条」なる訴状を幕府に提出した。幕府は家中のことは家中でというのが基本だったが、度重なる高広の訴状にほうっておけなくなり、寛文六年（一六六六）に高国に問いただした結果、宮津藩の取り潰しを決めた。

四十八条のうち四十七条までは弁明できたが、最後の「親不孝」の罪は申し訳が立たなかったという。「親子喧嘩」を理由に改易されるという前代未聞の事態である。

この時、家老ら家臣の一部が納得せず、籠城を策したが、結局、高国の説得で明け渡した。幕府の命で城を受け取った一人は福知山藩の松平忠房だった。

京極家は足利幕府以来の名族のため、高国の子の高規が後に二千石の旗本として取り立てられて存続、高家に列した。

隠居の高広は幕府が父親の気持ちを汲んで、藩主の座を高国から弟の高勝に譲れという裁定を出すことを期待していたが、目論見ははずれ、厳しい喧嘩両成敗で所領をふいにしてしまった。

稲葉と京極、どっちもどっちだったのである。

第五章　復活　取り潰しから筆頭老中

——松本藩水野家

前篇：24年後の松の廊下

浅野内匠頭の吉良上野介への刃傷から二十四年後、また江戸城の「松の廊下」で刃傷があった。

酒乱で妄想、錯乱

享保十年（一七二五）のことである。

斬りつけたのは信濃松本藩七万石の藩主だった水野忠恒《ただつね》。当然、松本藩は取り潰しとなったが、名門のゆえを以って先々代藩主の弟に七千石の旗本として家名の存続を許した。

浅野家も赤穂藩は取り潰しになったが、赤穂浪士の吉良邸への討ち入りを経て、後に広島の浅野本家にお預けになっていた内匠頭の弟が五百石の旗本として再び取り立てられ、家名再興となっている。

タイムラグはあるが、似たような展開と思われがちだが、決定的に違うことが二つある。

一つは内匠頭は切腹させられたが、忠恒は死罪にならなかった。

もう一つは浅野家が大名には戻れず、別家の旗本として細々と続いただけだったのに対し、水野家は大名として復活したどころか、子孫が筆頭老中まで昇進、幕閣を取り仕切る最高権力者になった。

こんな「V字復活」、その前もその後も例をみない。

「第二の松の廊下事件」が起きたのは、水野忠恒が八代将軍吉宗に自らの婚礼のお礼で拝謁した直後だった。松の廊下に戻ってきた忠恒は突然、居合わせた長府藩（長州藩の支藩）の世子（後継ぎ）である毛利師就《もろなり》に向かって小サ刀（脇差）を抜いた。

高家の吉良はひたすら逃げたが、師就はさすがに武家の名門。二度にわたって斬りつけられたものの、刀を抜かず鞘のまま応戦した。

間もなく忠恒は三河畑村藩主の戸田氏房らに取り押さえられた。氏房は忠恒と婚姻した美濃大垣藩主の戸田家の養女とは血縁があり、親戚として忠恒に付き添い、外の廊下で待機していた。

目付の取り調べに忠恒は「自分の普段の不行跡は広まっており、上様のお耳に入れば、領地を取り上げられ、それが師就に与えられると思って斬りつけた」と供述した。

しかしそんな事実は全くなく、忠恒と師就は一面識すらないことが判明する。

師就は通り魔に襲われたようなもので、負傷していたため、駕籠で屋敷まで送り届けられ、「お構いなし」となる。

この時、師就の手当をしたのは外科の栗崎道有《どうう》。四半世紀前に浅野に傷を負わされた吉良の治療をした医師で、栗崎にとってはまさに「第二の松の廊下事件」だった。

浅野の時の反省から、忠恒には調べを尽くし、一か月後に「乱心」と裁定して領地没収が申し渡された。

忠恒の「乱心」の原因は酒乱、今で言うアルコール依存症だったのだろう。

先代の兄は名君

忠恒は享保八年（一七二三）、病死した兄の忠幹《ただもと》の跡を継いで藩主となった。この時、二十三歳。

兄の忠幹は名君そのものだった。当時のどの史料もほめたたえるものばかりである。容姿も端麗とある。

忠幹の襲封は時あたかも八代将軍吉宗の誕生とほぼ軌を一にしており、松本藩にも「享保の改革」の新風が吹いたかのようである。

「当家の仕置き大概は先代の方式に従うといえども、代々の了見にて事々一様にはこれなきことなり」というのが代始めの弁。先例も大事にする一方で、改革を促しており、吉宗と同じように一種の「目安箱」を設置して、広く意見を問うている。

この時期は全国的に飢饉が続いたが、忠幹は家督の祝儀として千五百俵の籾米を農民に配り、慣例になっていた御用金の賦課も不作を理由に取りやめ、願いに応じてお救い米も出している。

藩主になる前から和漢の学問に精励し、享保七年には領内の地理、歴史を調べた「信府統記」の編纂を命じた。完成したのは没後だが、忠幹の最大の功績とされている。

ただ惜しいことに広島藩浅野家の娘と結婚したそのわずか二十日後に死去した。享年二十五。この浅野家は内匠頭の浅野家の本家である。

死の床でも「弟に家督が認められたら、公私ともにいよいよ精を出し、忠節の志を忘れずに勤めるように」と書き残して逝った。

忠幹の名君ぶりは他国にまで知られ、家臣、領民に深く悲しまれた若死だった。死後にまで至れり尽くせりの配慮をしている。

将軍にお礼の直後

ところがこれが良かったのか悪かったのか、本来は藩主になるはずのなかった弟の忠恒には逆に重圧になったのかもしれない。精励したのは政務ではなく酒宴で、常に大酒を飲み、いわゆる「賢兄愚弟」の典型的な姿となる。

後に家臣による聞き書きでまとめた「松本御代記」は「忠恒公、御事至って大酒、そのうえ焼き唐辛子を一度に三つも四つも食し成され候由、常々とも御短慮の念はあらせられ候ゆえ、御近臣らは御勤め危ぶみ候ものも多き由なり」と容赦ない書きぶりである。

享保十年（一七二五）二月、参勤で江戸に向かった。この時も現在の午前七時に出発する予定で、供揃いも整っていたが、酒宴が終わらず、結局、午後四時の出立となる。この遅れのために峠越えが夜中になるなど、行列は苦労続きの旅だったといわれる。

七月二十一日には江戸屋敷で大垣藩主、戸田氏長の養女との婚姻が盛大に行われた。両家の屋敷では祝宴が続いたが、どうも忠恒の酔い方が尋常ではないということが改めてわかってきた。

七月二十八日には吉宗への婚姻のお礼のための拝謁が予定されていた。前日も夜遅くまで酒を飲み続け、体調も心もとない様子。「心風狂発の気色」だったという。

家臣からは心配して「明日の登城は見合わせた方がいいのではないか」との声も出たが、幕府への不首尾は避けたいし、その後の行事も詰まっていて、簡単に延期はできない。

結局、家中の不安の中で登城した。拝謁は何とか無事に終わり、ホッとしたのも束の間の出来事だった。

内々に刃傷マニュアル

「喧嘩両成敗」が天下の大法とはいうが、この事件の場合、斬りつけられた師就に落ち度はないし、そもそも喧嘩ではないわけだから、師就のお構いなしは理解できる。

が、忠恒も浅野のように切腹にはされていない。武蔵川越藩主の秋元喬房《たかふさ》に預けられて禁錮となったが、ほどなくして水野家に移され、その後、蟄居とはいえ、十五年も生きたのである。これが「第一の松の廊下事件」との違いである。

実は幕府は「忠臣蔵」で懲りていた。

最初の処理の不手際で、事件が長く尾を引き、それが徒党を組んでの「仇討」にまでつながり、幕府の威信も損ねかねなかった。そこでこうした事件を処理するいわば「刃傷マニュアル」を内々につくっていた。

このマニュアル、事件があれば加害者を「乱心」とするのが基本である。そのうえで相手が死んだ場合はとにもかくにも切腹。死ななければ情状を考慮し、例えば家は取り潰すが、本人は蟄居などにとどめる。「乱心」にすれば、本人が生き残っていても、斬りつけられた方も面子が立ち、仇討、復讐などはしなくていい。

江戸城やその周辺での刃傷は小さな諍いで埋もれているのはいくらもあるだろうが、大名が絡んだものは八件がある。まずは「忠臣蔵」の前に三件。

最初は寛永五年（一六二八）、旗本の豊島信満が年寄（後の老中）の井上正就を殿中で刺殺した事件。この時は側にいた青木義精が豊島に背後から組みついて止めたが、豊島は自分の腹に刀を突き立て、それが後ろの青木まで貫き、ともに死んでいる。

浅野は脇差で吉良に切りかかり、二か所に傷を負わせただけで、旗本の梶川与惣兵衛に「殿中でござる」と取り抑えられた。まだ戦国の世の荒々しさが残っていた寛永と、泰平の元禄との時代の違いを示すような顚末である。

井上は大御所になっていた二代将軍秀忠の側近でもあり、場所をわきまえない豊島は重罪人。このため本人が自害していても、一族まで処断すべきだとの声があった。しかし「われわれ武士が必ず仇を報じようとすれば、その場所は殿中しかない」というこれも時代を映した年寄の酒井忠勝の意見で、豊島の嫡男だけが切腹を命じられた。

次は延宝八年（一六八〇）、四代将軍家綱の芝増上寺での法要での刃傷。警備に当たっていた志摩鳥羽藩主の内藤忠勝が奉行役だった丹後宮津藩主の永井尚長を刺殺した。老中から届いた法要に関する書状を永井が内藤には見せず、内藤がこれを恨んだ結果といわれる。忠勝は切腹。事件の経緯や、永井家が無嗣であったことからともに改易となるが、後に尚長の弟に一万石が与えられている。

両家は江戸屋敷が隣同士でかねてトラブルがあったともいわれる。忠勝は「失心」（乱心）とされた。この忠勝は浅野内匠頭の叔父（内匠頭の生母の実弟）に当たり、後世、二人の精神面の「血筋」がうんぬんされることにもなる。

貞享元年（一六八四）には五代将軍綱吉を擁立し、権勢を振るっていた大老の堀田正俊を若年寄の稲葉正休が殿中で殺害した。近くにいた老中が寄ってたかってその場で稲葉を斬り殺してしまったため、真相を究明できなかった。

綱吉が当初は恩を感じていた堀田がやがて邪魔になり、裏で使嗾《しそう》したとの見方もある。正休の稲葉家は断絶した。正休が領していた美濃青野藩は廃藩、幕府の直轄地となった。

腹を突き通す

元禄十四年（一七〇一）の浅野と吉良による「第一の松の廊下事件」の後は四件。宝永六年（一七〇九）には加賀大聖寺藩の支藩、一万石の新田を分与されていた前田采女が大和柳本藩主の織田監物を刺殺した。場所は徳川家の菩提寺である上野の東叡山寛永寺の宿坊。綱吉の法要が行われ、二人は浅野と同じ勅使饗応役だった。

前田は剛毅な人柄で、泉岳寺の赤穂浪士の墓所を訪れた際、「内匠頭殿は斬りつけたので、あたら大勢の家臣を死なせてしまった。どうしてもの時は相手の腹を突かなければ」と言っていた。実際、前田は織田の腹を脇差で突き、そのまま倒れ込んで殺害した。

この頃は件のマニュアルができており、それに沿って前田は「乱心」とされ、相手が死んでいるので、切腹となった。本当は遺恨があることも分かっていたが、あえて「乱心」としたのである。

織田の遺領はそのまま嫡子が継ぎ、前田の一万石は跡継ぎがいなかったこともあり、大聖寺藩に戻された。

そして享保十年（一七二五）に水野、毛利による「第二の松の廊下事件」。

次いで延享四年（一七四七）に旗本の板倉勝該《かつかね》が肥後熊本藩主の細川宗孝に斬りつける。

これは板倉家の内紛に発した完全な人違い。細川家の家紋の九曜紋が板倉家の九曜巴と似ていたためで、細川家はこれを機に家紋の意匠を変えている。

宗孝は負傷し、それがもとで死去する。遺領を継いだのは賢君として知られるようになる弟の重賢。板倉は「乱心」によって切腹となった。

最後は天明四年（一七八四）の有名な事件。旗本の佐野政言《まさこと》が若年寄の田沼意知《おきとも》を城中で刺した。意知は屋敷に運び込まれて、八日後に死去する。佐野は「乱心」とされて切腹するが、意知は当時の最高権力者だった老中、田沼意次の嫡子で、江戸の市中では「世直し大明神」ともてはやされる。これを機に「田沼時代」に陰りが生じたことは周知の通りである。

加助騒動の残虐

水野家に戻る。

水野家の草創の地は三河国刈谷。尾張国との国境に近く、桶狭間の古戦場もすぐである。

刈谷に新城を築いて基盤を固めた水野忠政は妹（姉とも）が徳川家康の曾祖父の松平信忠の正室、前夫人が祖父の清康の後妻、娘が父の広忠に嫁ぐという松平家との複雑な縁組

〈水野家略系図〉

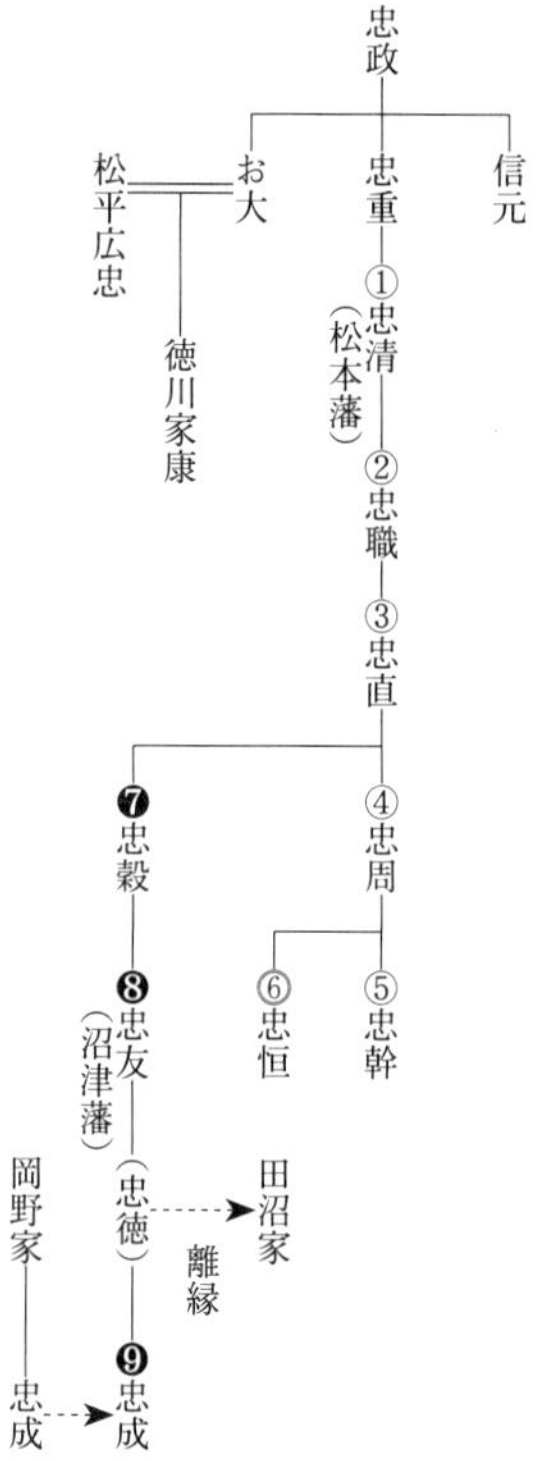

をしている。

この娘が家康を生んだ「お大」である。後に織田家、今川家の狭間で、水野家、松平家も揺れ動き、お大は離縁させられ、実家に帰った後、他家に再嫁する。

が、天下人となった家康とのつながりで、江戸時代には水野家は大きく門葉を広げる。刃傷を起こした忠恒の松本藩は「お大」の甥で、家康の従兄弟に当たる忠清から始まっている。十九歳で関ケ原の戦いに出陣、上野小幡《おばた》で一万石、「大坂の陣」の後、本領の三河刈谷で二万石、次いで三河吉田で四万石と累進し、寛永十九年（一六四二）には信濃松本七万石となった。信濃国は小藩が多く、松本藩は徳川家の旗頭の位置付けである。

三代忠直は寛文、延宝、天和、貞享、元禄、宝永、正徳と四十五年も藩主だった。在位半ばの貞享三年（一六八六）、年貢の増徴に反対する大一揆が起きる。

当時、近隣の諸藩の年貢は一俵の玄米の量を二斗五升とするのが「相場」だった。松本藩はもともと三斗と高かった。それをさらに三斗五升に引き上げることを通告、これが一揆の引き金となった。

首謀者の代表格が多田加助という元名主だったことから、「加助騒動」といわれる。徒党を組んでの訴えは「強訴」として重罪に処すのが当時の通例だが、それにしても首謀者とされた十一人、その兄弟、子供まで合わせて二十八人を捕らえ、八人が磔、二十人が獄門という悲惨な処罰になった。

加助は磔にされた木の上で「忘れるな、年貢は二斗五升、分かったか」と声を限りに叫んで首を垂れたという。松本城の天守が北に傾いたのは、加助が磔台の上からにらんだためといわれた。

この義民騒動は明治の松本での自由民権運動にもつながり、大正には東京朝日新聞に半井《なからい》桃水が小説を連載、人気の「目玉の松ちゃん」こと尾上松之助が出演する映画も製作されるなど、様々な形で長く伝えられた。

忠恒の乱心で松本藩が改易になった際、領民は「加助の怨霊のせいだ」とささやきあったという。

後篇：転落からV字回復

七万石から七千石

この刃傷の顚末は「松本大変」と呼ばれる。

殿様が乗っていない駕籠が戻ってきた水野家の江戸屋敷は悲しんでなどいられない混乱の極みに陥った。当時のルールで翌日には屋敷を明け渡して幕府に返上しなければならなかったからである。

先代の忠幹、当代の忠恒の姻戚である浅野家や戸田家からも大勢の家臣が駆けつけてきた。財産を没収する「闕所」になるかも知れないので、その前に嫁入り道具などを運び出してしまおうというわけである。火事場泥棒も入った。

一方、国許でも事件の翌日には異変を知った。例の如く連日の評議で、跡目相続を願い出て、聞き入れられなければ城を枕に討ち死するといった過激な申し合わせもなされるが、よくよく考えれば殿様が悪いのはみんな分かっているし、内匠頭のように切腹させられたわけでもない。やがて一時の興奮もさめて、上意を待つということになった。

水野家にとって幸いだったのは、この時の若年寄が同族の水野忠定だったことである。忠定の奔走によって、まだ十代の少年だが、先々代の弟で、忠恒の叔父に当たる卯之助を急ぎ元服させて忠穀とし、信濃佐久に七千石の領地を持つ旗本として家名を存続させた。

「勲旧の世家、全く廃すべからず」

過去に功績のあった名門であり、完全になくしてしまうのはよくないというのが理由である。

七万石の松本藩の家臣は二千十四家、家族を入れて一万百十三人だった。十分の一の身代になり、刈谷以来の譜代を中心とした四十五家以外は金銭をもらって立ち去った。最高の年寄でも十五両、身分によって順次、少なくなり、足軽で四両二分、小者は一両という涙金だった。

ただ後に水野家がまとめた聞き書きによると、身分の軽い者は手に職を持つこともあって、新しい領主らに仕官もしやすかったが、逆に五百石、六百石の大身はもともとが殿様で、売り食い以外に才覚もないことから、やがて困窮して飢えに苦しみさえしたという。

城持ち大名に

旗本に転落した水野家の転機は、寛保二年（一七四二）に忠穀の跡を継いだ忠友の時代に来る。この忠友が子供の頃からの自らの勤めぶりと世渡りのうまさ、そしてアクロバティックとしか言いようのない養子縁組で、水野家を再び上昇のルートに乗せるのである。

時は八代将軍吉宗の時代、世子は家重で、その嫡男が後の家治。将軍家には三代がそろっていた。が、家重は病弱で、吉宗は長幼の序を守って家重を後継ぎの九代将軍にするが、その次の十代将軍になる孫の家治に期待し、自分の膝下で教育した。

元文四年（一七三九）、忠友は竹千代と言っていた家治のお伽役（遊び相手を兼ねた世話役）に起用される。竹千代は三歳、忠友は九歳。ここでも選考の面接を担当したのは刃傷の際、水野家の存続に骨を折った若年寄の水野忠定らだったことが幸いしたのだろう。

家治の側にいることは吉宗の目に留まることでもあり、これも忠友の出世を後押しする。家治の側近として小姓、西丸御用取次と歩を進め、家治が十代将軍となると、若年寄、側用人と栄進し、天明元年（一七八一）には老中格となる。

幕府の財政を取り仕切る「勝手掛」でもあり、加増も相次いで二万五千石となった。沼津に領地を得て、築城も許されている。「城持ち大名」にまで復活したのである。

天明五年にはついに老中となり、三万石。これまで通り「勝手掛」を続け、側用人も兼ねる。

つまり政庁のある「表」、将軍の居住空間である「奥」（中奥）、それを支える「財政」もあまねく取り仕切る立場になったのである。

石高は元の松本藩の七万石には及ばないものの、幕閣の枢要な地位を占め、権力という観点からは先祖を超えた。

田沼家からの婿を放逐

忠友が仕えている家治を先代の家重に置き換えて見ると、忠友の履歴は田沼意次とそっくりである。実際、側用人も田沼の後任だったように、田沼の跡をたどっている。もちろんこの政権のナンバーワンは田沼。取り仕切ると言ってもあくまで田沼が上である。

田沼は年回りでも忠友の一回り上。忠友の出世は「田沼時代」と完全に重なっている。

〈田沼意次の閨閥〉

- 意行
  - **意次**
    - 意知（若年寄、城中で刺殺）＝松平康福（老中、浜田藩主）女子
    - 女子＝西尾忠移（奏者番、横須賀藩主）
    - 女子＝井伊直朗（西丸若年寄、与板藩主）
    - **忠徳（沼津藩主・老中水野忠友養子。後の意正）**
    - 雄貞（菰野藩主・土方雄年養子）
    - 隆祺（綾部藩主・九鬼隆貞養子）
  - 意誠―意致（親子二代で一橋家家老）

若君や上様の信頼が厚いと言っても、幕閣の実力者と誼を通じなければ、これほどのスピード出世はできないだろうし、立場も安定しない。

それが分かっている忠友は思い切った手に出ている。忠友には娘しかいなかった。そこで田沼の子を娘の婿に迎えて、水野家の後継ぎにしたのである。これが忠徳《ただのり》。

この結婚は十年近く続いた。が、天明六年（一七八六）、突然、離縁となり、忠徳は田沼家に戻される。

家治の死去の前後に、田沼が老中の辞任に追い込まれ、失脚した時である。田沼の「お役御免」を申し渡したのは

月番老中だった忠友という巡り合わせで、さっさと実家に婿を帰した。

刃傷事件で水野家はいったんは落ちぶれたものの、元をただせば血縁が家康にもつながる「名門大名」、田沼は紀州家の家臣だった父が吉宗について江戸へきて、成り上がった「新興大名」。縁組を含む親密な交際、年回りと立場、地位から言えば、忠友の田沼へのつらいであり、葛藤もあったのだろう。

それを乗り越えたのは水野家を復活させなければならないという使命感だった。保身のための裏切りと言われるのを覚悟で、田沼との縁を直ちに断ち切ったのも、ここで連座することを避け、水野家を永続させなければならないという思いからだっただろう。へつらいも縁切りも目的は同じである。

救われたのは田沼からの婿と忠友の娘の仲が良かったとは言えなかったことだろうか。子もできなかった。忠徳は実父のおかげで舅は出世できたのだと鼻にかけるところもあり、家中には水野家と合わないとの不満もくすぶっていたともいわれる。

同じ老中の松平康福《やすよし》も田沼の長男で刺殺された意知に娘を嫁がせ、縁を結んでいた。が、田沼の失脚と同時に田沼家との絶縁を宣言している。

次の養子の目利き

代替わりで十一代将軍に家斉が就いても、忠友はしばらくそのままの地位にいた。しかし松平定信が老中になり、「寛政の改革」が始まると、忠友は罷免される。ただし懲罰ではなく、代替わりに伴う自然な人事異動の形で、時を置いて寛政八年（一七九六）にはまた西丸老中になる。水野家の復活、そして永続への使命は十分に果たした。

問題は田沼家からの養子を帰してしまったため、後継ぎがいなくなってしまったことである。そこで新たに目を付けたのが分家の婿。殿中で見ていて、家斉の小姓として信頼が厚いことが分かり、将来性が十分にあると踏んだのである。

これが旗本の岡野知暁の二男で、分家の水野忠隣の養女と夫婦養子になっていた水野忠《ただ》成《あきら》。分家の婿を本家の婿に譲ってほしいと交渉した。

何よりも「家」が大事な時代である。幸いにも既に子が生まれていて、分家は孫を後継ぎにできる。交渉は成立した。

本家の娘は田沼の子と離縁し、新たな婿も分家の娘と離縁して一緒になった。こうして忠成が忠友の跡を継いだ。

忠友の目利きは正しかった。

享和二年（一八〇二）、忠友の死去に伴って家督を継ぐと、忠成は奏者番、寺社奉行、若年寄、老中格と出世街道をひた走る。

質素倹約の松平定信の路線を継ぐ「寛政の遺老」がいなくなるのを待って、文政元年（一八一八）には「格」が取れて老中となり、「勝手掛」も担当する。

定信のくびきから解放された徳川家斉と水野忠成の時代が到来したのである。

家老土方縫殿助

忠成の権勢ぶりは家老の土方《ひじかた》縫殿助《ぬいのすけ》有経に負うところも大きい。

土方は忠成に従って上洛した際、ビロードで包んだ駕籠に乗り、引いていた馬も飾りで覆われ尽くしていて、その華やかさが街道の耳目を集めたエピソードが有名である。

忠成に取り入ろうとするならば、まず土方に話を通すというのが自然の流れ。幕府への願い出をする場合も、土方を訪ねて助言を受ける。

土方は相手に気楽に会って、話を聞き、手続き、可能性、果ては進物のことまでも、一度にきめ細かく説明してくれたという。

最初は高飛車でそっけなく扱われるのが常だが、土方はとにかく威張っていなかったので、行きやすかったらしい。もちろんその裏にはお礼という名の多額の贈答があった。

実はまだ主人の忠友や忠成が出世の途上にある時、土方は力のある権門の家の前で腹痛を起こし、しばし休ませてほしいと頼み込んで、介抱を受けた。

翌日、その家を訪ね、世話になった取次の者、茶坊主、門番に至るまでお礼の品を贈った。そのお礼が相場を超えたものだった。

これでその家とのつてができ、主人の昇進の運動も効果的に進んだ。門番などは土方が来るのを喜んで待つほどになったという。「今太閤」といわれた政治家の手法と同じようである。

権門の家の主人には水野家の重代の宝物もどんどん贈った。同僚が止めても「他日、何倍にもして取り戻せばいいではないか」と気にしなかったという。

実際、水野家は権門の家となり、これに伴って土方も財をなした。

具体的な例を福留真紀氏が「加賀藩史料」から引いている。それによると、天保元年（一八三〇）、加賀藩前田家が幕府から一万両の拝借金を得た過程で、加賀藩は忠成に七十五両相当の狩野探幽の三幅対、土方に三十五両相当の古法眼筆一対を贈っている。

土方家の蓄財は膨れ上がり、後に安政の大地震の復興を水野家だけでは賄えなかったため、土方の二代目から出してもらったという回顧もあるくらいである。

　殿様の忠成も願い事には高飛車に構えず、丁寧に応対するのが常だったため、何かと頼りにされる存在になり、金品も引き寄せたが、それなりの人望も得ていた。

　主従一体となっての有効な「陳情窓口」となっていた形で、早く埒《らち》の明くものとして「三井の早飛脚と水野出羽守」との評も流布された。

婚姻担当、貨幣改鋳

　忠成の治績で歴史を動かしたと言えるような特筆すべきものはなかなか見当たらない。貨幣の改鋳に踏み切って家斉にぜいたくをさせたこと、五十人を優に超える家斉の子女を大名に押し付けた〝婚姻担当〟だったことくらい、とさえいわれる。

　が、農業の一本足打法から、農業と商業の二刀流に移行しつつあった当時の幕府の財政にとって、新田の開発、倹約の強化などの旧来の手法での再建は焼け石に水でしかなく、倫理的な批判はあっても、貨幣の改鋳が極めて手っ取り早い効果的な施策であったのも間違いない。

　江戸城の御金蔵を覗いて見よう。前代の家治の明和七年（一七七〇）には三百万両もあったが、「田沼時代」を経て天明八年（一七八八）には八十一万両にまで減少。定信の「寛政の改革」の緊縮路線で寛政十年（一七九八）には百七万両まで回復したものの、家斉の子女が大奥にあふれ始めた文化十三年（一八一六）には七十二万両にまで再び落ち込んでいた。

忠成が改鋳した「文政小判」は金の含有率が五六・四％。それまでの吉宗の時代からの「元文小判」は六五・七％。この交換比率を対等にすることで、銀貨の改鋳なども含めて一千五百六十万両もの差益（出目という）を得た。

吉宗は「恥辱を顧みず」と自ら宣言して、大名に一万石につき百石の米を納めさせた「借金将軍」だったが、家斉は子女と縁組した大名の借金を棒引きにしたり、多額の持参金をつけた「大盤振る舞い将軍」になれたのである。

それは幕府の規律をゆがめたとの批判を生む一方で、五十年という長い在任期間とあいまって、家斉の権威の増幅にもつながった。

イジメで刃傷事件

興味深い出来事が忠成の時代に二つ起きている。

一つは文政六年（一八二三）の旗本の刃傷事件。

職場の古参から今でいうイジメに遭った新参が五人の先役を殺傷したものである。

当時、新参は先役の弁当の世話をしたりするのは当たり前で、御番入り（就職）の際は挨拶代わりに料亭などに席を設けて饗応することも慣例となっていた。が、出た料理や土産が定番の最上のものではないなどとケチをつけて糾弾した挙句、大暴れして部屋をメチャメチャにしたとか、イジメはこの頃の役所勤めでは常態化していた。

いわゆる「田沼時代」の話だが、旗本の永井尚恕が小普請組の組頭になった。同役には後に鬼平こと長谷川平蔵の後任の火付盗賊改になる森山孝盛らがいた。新任としての初寄合では慣例に従って永井が同役に酒食を振舞ったが、後にその一人があの菓子は高級な「鈴木越後」のものではないと言い出した。

他の同役たちも次々に同調し、森山らは永井と教育係の船田正久を詰問した。結局、ランクが下の「金沢丹後」の菓子だったことを白状、費用をケチったことがわかってしまった。

森山らは鈴木越後の羊羹に比べて金沢丹後は味が粗い、このようなものを食わせたのかと詰め寄り、永井と船田ははいつくばって平謝りの仕儀となった。

山本英貴氏の調べによると、やや後世の江戸の名物、名産の番付で、鈴木越後は西の最高位の大関、金沢丹後は東の小結にランクされている。これに従えば、違いを見抜いた同役の舌がどれだけ肥えていたかが分かる。

時は移り、泰平の文化文政の世にはこうした傾向は一段と強まっていったことだろう。

事件の舞台は将軍家の世子が住む西丸の書院番所。刃傷を起こしたのは松平外記《げき》、三十三歳だった。

松平の姓で分かるように尼崎藩主の桜井松平家の支流で家柄がよく、父も次期将軍の家慶の身の回りの世話をする西丸小納戸という恵まれた立場だった。ところがこの恵まれた立場が裏目に出る。

将軍や世子が出る追鳥狩《おいとりがり》が予定されており、外記は獲物を追い立てる勢子の指揮を執る「拍子木役」（進行役）を命じられた。実はこの役は古参の者が就くことになっており、「父の威光で役にありついた」と反感を一気に買ってしまった。外記は嘲笑され、職場にいたたまれない。

結局、病気を理由にこの役を辞退する。鷹狩が終わったのを待って、ほとぼりも冷めただろうと久しぶりに出勤したが、職場の空気は変わらない。冷ややかな視線、聞こえよがしの陰口、度重なるいやがらせ……御殿勤めにありがちな光景が繰り返された。

被害者に厳罰

外記はついに感情を抑えられなくなり、刀を取り出して襲いかかる。三人を斬り殺し、二人に怪我を負わせ、その場で自らも切腹して果てた。

死んだ三人は「脇腹より片腰へ突き通し」、「首切り落とし」、「片腕切り落とし、背中袈裟」と凄惨な様子が記録にある。

この事件を裁いたのが時の老中の忠成だった。先祖の刃傷が頭をよぎっただろうか。これも因縁である。

外記は重罪人。だが忠成が下した裁断は加害者の外記に寛大で、斬りかかられた被害者の方が厳罰だった。

外記の父はさすがに御役御免（罷免）となったが、無役や退任した高禄の旗本が属する格の高い「寄合《よりあい》」となり、差控《さしひかえ》（謹慎の一種）にも及ばずとされた。後に外記の長男が三百俵の家をそのまま継いでいる。

逆に斬られた方は死去した者の家が絶家や減知、重傷の者が召放《めしはなち》。軽傷の者も後ろから傷を受け、御殿の中の方に逃げたことが見苦しいとされて改易された。

当日、欠勤していたイジメのリーダー格の二人も御役御免のうえ、江戸城に近い一等地の屋敷地を召し上げられ、郊外に代え地を与えられた。外記が本当に討ちたかったのはこの二人だったようで、身の危険を感じて欠勤していたともいわれる。

他の者も便所や屏風の裏、さらには縁側の下に隠れた、あるいは脇差も持たずにただただ逃げ出したなどが不届とされ、軒並み御役御免となった。外記の組で書院番に残ったのは三人だけで、二十一人が補充され、事実上の総取り替えになった。

イジメが年中行事のように蔓延していることはみんな知っており、外記への同情もそれだけ大きかった。このため忠成の裁断も建前、規定より現実、感覚に沿ったものになっている。

しばらくは新参へのイジメは影をひそめ、同じ立場で苦しんでいた幕臣からは「外記殿のおかげ」の声が聞かれたという。

田沼の子を取り立て

もう一つは人事である。文政五年（一八二二）、新しい若年寄が任命された。その名を聞いて人々は仰天した。田沼意正《おきまさ》だった。

　咎められた田沼家から幕閣への復帰がなったというのが驚きの原因だが、さらなる驚きはこの意正、水野家が追い出したあの養子の忠徳だったのである。水野家の婿としての忠成の〝前任〟でもある。

　田沼家は意次の長男の意知が殿中で刺殺されたため、孫の意明が跡を継いだが、意次が失脚して、遠州相良五万七千石から陸奥下村一万石に左遷されていた。その意明も二十四歳で死去、その跡を意明の弟、また弟、そして意次の甥の子が次々に継いだが、いずれも二十歳そこそこで若死してしまう。

　そこで出戻りで実家に残っていた意次の四男の意正、つまり元の水野家の婿の忠徳が五十一歳で藩主になっていた。

　意正は若年寄への登用だけでなく、旧領の相良への復帰も許された。

　将軍の家斉が「勤めぶりもいいのでどうだろうか」と忠成に相談したというが、実際には忠成が勧めたのかもしれない。

　父の意次に一時の心得違いはあったかも知れないが、全体として田沼家の功は大。ライバルになりかねなかった松平定信を御三卿の田安家から白河松平家に強引に養子に出して将軍候補から排除、幼い家斉を前代の家治の養子に据えることで、将軍への階段を昇らせてくれたのは意次である。

家斉の父の一橋治済《はるさだ》も、忠成の義父の水野忠友も意次とタッグを組んで今日の栄華に続く道を拓いてきたのである。振り返って二人に後ろめたい気持ちが生じてきたのもうなずける。〝罪ほろぼし〟をしないと、寝覚めも悪い。

何しろ過去の功を盾に、過ちはあっても先代は先代、当代は当代と評価されてこそ、復活できたのが忠成の水野家なのである。田沼家も父は父、子は子で、我が身と二重写しに見えたことだろう。

幕閣の頂点、死後も永続

「田沼時代」から「定信時代」になって、綱紀粛正が図られたが、家斉が独り立ちし、忠成がそれを支えると、また情実や賄賂が蔓延する政治に戻ったことはよく知られている。

後に「天保の改革」で綱紀粛正、質素倹約の掛け声の下、世の中を締め付けた水野忠邦も老中に至る道では賄賂を撒いた。その最大の照準は忠成に合わされていた。

が、こうした負の側面が指摘される一方で、この時代は空前の「泰平の世」であり、いわゆる「化政文化」も花開き、武家も町人も一様に羽を伸ばすことができた。家斉は名君とは呼べなくても、「泰平の世」のはまり役の将軍だった。

忠成の政治も明確な理念はなく、対処療法ばかりであっても、足元の現実を踏まえて着実に問題をこなしていくはまり役の側近だった。

水野家はわずか三代前の改易から一気に幕閣の頂点に登った。すごいV字回復である。江戸時代を通じてこんな例はない。

忠成は老中を退任することなく、在職のまま死去する。失脚という言葉とは無縁だった。やがて後ろ盾だった家斉も死去、十二代将軍の家慶の時代になる。

家慶の時代が来るのを待っていた水野忠邦は直ちに「天保の改革」に着手し、その号砲として家斉の側近だった若年寄の林忠英《ただふさ》、御側御用取次の水野忠篤、新番頭格の美濃部茂《もち》育《なる》、いわゆる「三佞人」を次々に罷免、愛妾の養父で隠然たる力を持っていた中野石翁らも罰した。

それまで頭を押さえられていたことへの復讐劇でもある。

それでも忠成の水野家はありがちな代替わりに伴う粛清を受けなかった。

実は家斉の側近ということでは忠成が筆頭なのだが、その子孫の水野家は懲罰的な匂いもする「お手伝い普請」（江戸城の普請に二万両を拠出）などは担わされたものの、明治維新まで沼津藩として転封もなく、そのまま安泰で「永続」したのである。

家斉より先に死去していたことがよかったのか、忠邦も老中になるために懸命に工作した同族の水野家にまで手を出すのはさすがにはばかったのか。

忠成は貨幣改鋳で家斉のぜいたくを支えたとか、多すぎる家斉の子女を大名家におしつけたとか、悪評を伴う仕事はしているが、こうした場当たり的なもの以外の特段の治績は残さなかった。が、有名な落首で歴史に名を残している。

水の出で　もとの田沼に　なりにける

第六章　引越　国替えは一代で五回

——松平大和守家

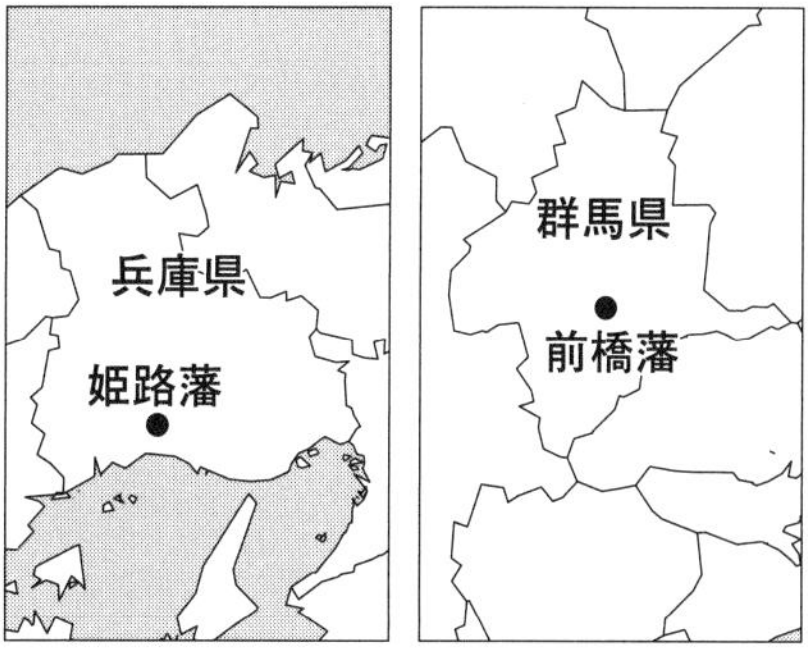

前篇：姫路と日田

幼少に姫路は与えず

転封、すなわち国替えである。

一度や二度の国替えならば、江戸時代の大名としてはやむを得ないかも知れない。

しかし一代で五度となるとどうか。

しかも自分に落ち度があったわけではない。

血筋もいい。何しろ徳川家康の曾孫なのである。

名君の評も高い。それなのに……。

「引っ越し大名」の異名をとる松平直矩《なおのり》の数奇な巡り合わせをたどってみよう。

「越前家」の出である。

徳川家康の次男の秀康を祖とするこの一門には何かと不幸がつきまとう。

徳川家は長男の信康が切腹して果て、次男に秀康がいたのに、三男の秀忠が二代将軍になった。これがそもそものボタンの掛け違いだ、とこの一族は言いたいだろう。

が、御三家などの序列とは別格で、制度の外にある「制外の家」とも呼ばれ、親藩、家門の大名の筆頭として重きをなし、この系譜は尊崇されていた。

主人公の直矩の父は直基《なおもと》、秀康の五男である。祖父の秀康は豊臣秀吉によって関東の名門、結城家の養子にされた。その結城家の名跡も直基が継いだが、江戸時代に入り、後に松平を称した。

大和守に叙任し、これを歴代の当主が名乗り、この家は「松平大和守《やまとのかみ》家」と呼ばれることになる。

直基の時代、寛永元年（一六二四）、越前勝山で三万石が与えられ、次いで越前大野で五万石に加増された。

これは「越前」という宗家の領内での配分のようなものだが、正保元年（一六四四）には一気に十万石の加増を受け、出羽山形で十五万石の堂々たる独立した大身大名となる。

慶安元年（一六四八）には西国の抑えの位置であり、白亜の宏大で美麗な城郭がそびえる播磨姫路の十五万石に転封となった。

数えようによっては父の代でも三回の引っ越しをしたことになるが、順調な出世街道の歩みであり、いずれも喜ばしい引っ越しである。

ところが、この晴れやかな姫路への旅程の途次、直基は患って江戸で亡くなってしまう。予期せぬ当主の急死でも、名門のゆえもあって、家督は嫡子の直矩がすんなり継ぐことができたが、時にわずか七歳（満五歳）だった。

要衝の地は幼少の者に与えず——当時、江戸幕府にはこんな不文律があった。さっそく翌慶安二年、まだ荷物も片付かないうちに越後村上に国替えとなる。

村上も姫路と同じ十五万石だが、それは表高のことで、実高、つまり実入りは少ない。温暖の地から寒冷の地への移動でもある。わずか一年で二回の長距離の転勤は精神的にも財政的にも家中にこたえた。

幼い直矩がどこまでこの国替えの意味を理解していたかは分からない。直矩にとっては年齢を問題にされてもいかんともし難く、自分のせいのようで、自分のせいではない。

村上に移ってほどなく、伯父の松平一伯《いっぱく》が「豊後国」（大分県）で死去したことが伝わる。一伯は秀康の長男で、「越前家」の宗家の二代目だった忠直である。

忠直は大坂夏の陣で戦功を挙げたが、恩賞で報われず、本来は自分の家の方が格上だとの思いもあってか、江戸の将軍家への参勤もないがしろにした。

結局、二代将軍の秀忠に咎められて、四半世紀も豊後府内藩に流刑に処せられていたのである。

配流されてからは暴君と言われたのが嘘のような静かな日々を送った。

「六十七万石の家国を失いつる折は、悪夢より醒めたらん如く、ただただすがすがしうこそ思い候、生々世々、国主大名などに再びとは生まれまじきぞ」と言い残して逝ったという。

「豊後国」がどこにあるのかも知らず、この地と後に自分がかかわることになるとは直矩には思いもよらなかった。

情報収集、怠らず

江戸城での勤務は儀式の連続である。直矩は格式の高い大名としてしっかりこなしており、成長するにつれて交際も広げている。

時の将軍は四代家綱。最も大事なのは将軍への伺候で、日記には「首尾よく御礼」「首尾よくお目見」という記述がよく出て来る。が、家綱は蒲柳《ほりゅう》の質で、「ご養生中につきお目見ならず」とのくだりも散見される。

御三家や「越前家」の一門などとの付き合いも欠かさない。新年には越後高田藩の松平光長の江戸屋敷にも出向き、光長はもちろん、その母の高田殿にも挨拶をしている。

光長は忠直（一伯）の嫡子。福井の宗家は忠直に代わって弟の忠昌が五十万石で継ぎ、光長はそれと交換の形で二十六万石を高田で与えられ、「越後中将家」の格式を誇っていた。高田殿は秀忠と御台所のお江の間に生まれた勝姫で、千姫の妹に当たり、忠直に嫁した。夫の配流後は息子の屋敷で暮らしていたことが分かる。

越後の東の端にある村上城から江戸に参勤する場合、一気に南下し、会津を通って奥州街道に入るというのが最短のルートだが、万治二年（一六五九）には越後の西の端にある高田まで海岸線をずっと進み、そこから信濃、高崎を経て江戸というルートをとっている。わざわざこんな遠回りをしたのは、もちろん高田城にいた光長に会うためである。

越後に転封して初めての参勤を利用して、同じ越後の本家筋に挨拶に行ったという儀礼が主だったかもしれないが、光長との親密ぶりものぞく。

直矩は「文化人」であるだけに、それを生かした家綱の側近との交流も頻繁である。たとえば寛文三年（一六六三）には三月に家綱の後見人だった保科正之（三代家光の異母弟）の屋敷に招かれ、所蔵の雪舟の団扇を鑑賞。五月には後に大老となる酒井忠清の屋敷で舞楽を楽しんだ。

酒井とは緊密で、村上藩の頃は国許の名産の「初鮭」をまずは将軍家に献上、四日後に届いた「三番鮭」を「酒井雅楽頭殿へ之を進ず」。姫路藩に転封してからは鮭に代わって鶴を届けている。

これらは儀礼にとどまらず、実力者と昵懇になることでお家の安泰を図るとともに、噂の段階からのいち早い情報の収集も目的である。

寛文七年五月二十四日、姫路藩主の榊原政房が死去した。早くも十日後の六月四日にその報が村上に届いた。追いかけるように九日に出府を命ずる老中奉書。十一日には出発した。

死去した榊原家の当主は二十七歳。当然、その子は幼少のはず、予感はあっただろう。心も弾み、脚も軽い。通常の村上から江戸は九泊十日だが、この時は六泊七日。正規の参勤と違って供も少なかったが、それにしても気分が旅程に表れている。

六月十七日には江戸に着き、大老となっていた酒井の屋敷に赴いて報告、翌々日の十九日に登城した。

「御上段の側まで寄候様にとの御事にて、（中略）筋目《すじめ》有之候に付、播磨姫路へ所替え仰せつける也」

将軍が座る上段の近くまで呼び寄せられ、家柄もあるとして、姫路への国替えを申し渡された。

代わりに村上に転封となったのは姫路にいた榊原家。嫡子は三歳だった。

万々歳、この時なり

八月五日、江戸を出立。二十二日、姫路に到着。さっそく同じ十五万石でも姫路は村上より四万石も実入りが多いとの報告を受ける。

直矩は「艇、用金、遺物、知行」に一万石ずつ使うように指示した。「艇」は瀬戸内の警備も担当する新たな役目のための船の建造、「用金」は借金の返済や幕閣などに贈る費用らしい。「遺物」は大城郭だけに、その補修などに充てるものだろうか。

「知行」も忘れていない。家臣への加増や新規の召し抱えに充てるというのである。

姫路への赴任、親政の仕置き、直矩は相当に満足だったらしく、年末に家臣から歳暮の祝賀を受けた後、こう記している。

「誠天下泰平、国土安全、万々歳此時也」

自ら「万々歳」を唱えている。

直矩が能、舞だけでなく、歌舞伎、浄瑠璃にも造詣が深く、和歌や絵画の腕前も相当な域に達していたことは本人が残した「日記」を見るとよく分かる。

が、文武両道で、よく歴史に学び、正邪をただす「名君」であったとの評も残っている。

元禄時代の大名の「人事考課表」とも言うべき史料に「土《ど》芥《かい》寇《こう》讎《しゅう》記《き》」がある。

編者も目的も不明だが、辛口の評価が目立ち、例えば浅野内匠頭も大石内蔵助もボロボロな書かれようである。

その大名評判記で直矩は「誉の将と世以て沙汰す」と絶賛されている。

「直矩、生得寛然として、将之威自ら備り、殊に文武の両道に心を掛、或旧記記録を好て、古戦之雌雄・主将の智愚・謀略の是非を論ず。生得勇智発明に、仁義を正し、忠節を尽んと欲せらる。人使ひ能く、家民を憐む事厚し」

将器としての威厳が備わり、文武両道を心がけ、人の使い方もうまく、家臣や領民を慈しむ心も厚いと大変な評価である。

実際、「日記」には「江戸詰めの総侍《さむらい》共に、気晴らしのため、操《あやつり》（人形）浄瑠璃を見せる」「家来の者、江戸にて気詰りに付き、操り申し付く、緩緩《ゆるゆる》と見物なすべきよし言い渡す」といった記述がある。

自分が人形浄瑠璃が好きだったこともあるだろうが、確かに家臣にも気配りをしている。難を言えば、美少年を愛する、つまり寵童の趣味があったようである。が、「土芥寇讎記」は「聖人にも一失あり」、つまり誰しも一つくらいは欠点はあり、偏愛には至っていないので、これも害はないと極めて好意的である。

世評も抜群、自らも自信にあふれ、直矩は藩主として手ごたえを感じる日々が続いた。

越後騒動のとばっちり

それから十余年が経ち、五代将軍綱吉の世となる。

天和二年（一六八二）二月、江戸藩邸にいた直矩のところへ、新しい大老の堀田正俊の屋敷へ出向くように使いが来た。

雰囲気が険しい。周囲の目付に帯している小サ刀（脇差）を渡した方がいいかと聞くと、そうして欲しいという。

やがて老中列座の中で言い渡されたのはまさに青天の霹靂《へきれき》だった。

「越後の取り扱い不調法につき閉門」「姫路を召し上げ、豊後日田の七万石に転封」という二連発である。

越後の取り扱いというのは「越後騒動」への対応である。

これに先立つ延宝二年（一六七四）、越後高田藩主の松平光長の嫡子が死去、跡目をめぐってお家騒動が起きる。

話は複雑だが、家老の小栗美作の一派と、それに反対する永見《ながみ》大蔵、荻田主馬ら「お為方」と称する一派が別々の人物を推して争ったのである。

事態は抜き差しならないところまで発展、時の大老である酒井忠清が乗り出して、「お為方」に厳しく、事実上、小栗に軍配を上げた裁定を下す。

ところが綱吉に代替わりすると、この裁定がやり直しになる。

今度は小栗が処断されて切腹、いったん出た裁定に従わなかったとして永見らも遠島になる。

家臣同士の喧嘩両成敗にとどまらず、綱吉は光長の領地も召し上げ、親政の権威を示した。

直矩は親類としてこれに連座した。が、特に思い当たることもない。光長は従兄であり、相談を持ち掛けられれば話に乗るし、時の権力者の酒井に穏便な扱いを願うのも一門としては当然ではないか。

将軍の代替わりに伴う幕閣中枢の政権移行の荒波の中で、いわば巻き添えを食ったようなもので、直矩はここでも自分に落ち度があるわけでもないのにとの思いだったろう。

伯父の忠直が不遇のまま生涯を閉じたのが「豊後国」であったことも思い浮かんできただろう。よりによって越前家の一門の左遷の地にそこを選ぶとは。酒井を放逐した綱吉や堀田の敵意がのぞく。

光長の妹は高松宮家（後の有栖川宮家）に嫁いでいた。酒井が四代将軍家綱の跡に弟の綱吉ではなく、この家から幼親王を宮将軍として迎えようとしたことも知られており、その憎しみのとばっちりでもあっただろう。思いがけない二重の恨みを受けてしまった。

酒井、光長と親密だったことが姫路への栄転につながり、政権交代でこれが今度はマイナスとなって日田に左遷される。これは現代の企業社会と同じである。

城も屋敷もない落差

日田は九州の大名ににらみをきかせる要衝の地である。

「関ヶ原の戦い」の後、小川光氏が二万石を任されるが、これは大名なのか、代官なのかは判然としない。

元和二年（一六一六）に大久保忠隣の次男の石川忠総が六万石で入った。十七年後に下総佐倉に転封、一時的に近隣の藩の預かり地となった後、幕府の直轄地、いわゆる天領となって、代官が派遣された。

慶長六年（一六〇一）に永山城が築かれていたものの、預かり地の時代は城番、天領になってからは代官（郡代）が置かれ、政庁は陣屋（代官屋敷）である。

前任の大名がいないのだから、城下町もない。

石高が半分以下になったのに加え、天下の名城である姫路城と日田の陣屋との落差は大きすぎる。

当時、転封となった大名家は前の大名家が残した屋敷を家臣に割り振ったが、その屋敷もほとんどないのである。

転封の命を受けた二か月後、家老ら二百九十四人が日田に入る。

やむなく寺社や商家や農家に分散して間借りするなど、遠方よりやっと現地に着いたとたん、辛苦の時代が始まった。

減知、つまり給与の大幅な引き下げどころか、家臣のかなりのリストラも余儀なくされた。

直矩の落胆は激しいものだった。

年貢も厳しいものにせざるを得なかったため、領民からも天領の方がよかったと歓迎されず、冷ややかな視線を浴びたことだろう。

要衝の地とはいえ、代官が支配していた領地である。直矩には大名として一人前に扱われていないとの思いが募った。

名門の出だけに、屈辱だった。

思ひきや袖に涙のたえまなく
かかるこころに身をなさむとは

率直な心境だろう。そのせいか、この後の「日記」はほとんど残っておらず、わずかにあってもせいぜい趣味の園芸の記述くらいしかない。

戒名に船と駕籠

「日田藩」となった大和守家は営々として藩主の居館や家臣の屋敷の整備を進めた。足掛け五年が経って大半が完成した頃、また幕府の命を受けた。

貞享三年（一六八六）、三万石が加増されて、今度は山形十万石への移封である。

直矩は居館が整うまでということで江戸に住み続けていた。結局、日田には行かないままとなり、せっかく新築した居館にも一度も住んでいない。

復活への道と思いたいが、九州から東北への転勤は厳しい。藩財政はもう火の車どころではない状況に陥ってしまっていた。

その六年後、今度は近隣の陸奥白河に移封、十五万石となる。山形も白河も豊饒の土地ではなかったが、十五万石という元の石高に戻った。

しかし度重なる転封で借金は嵩み、年貢の取り立てなどで、白河での治政も領民に厳しいものだった。

家臣の俸禄も借り上げており、困窮の余り武士の面目が保てず、出仕を停止する「潰《つぶ》れ」を願い出る者も少なくなかった。

三年後の元禄八年（一六九五）、直矩は江戸藩邸で死去する。享年五十四。

戒名は「天祐院殿鉄船道駕大居士」。「鉄船道駕」は船と駕籠の道。

生前の本人の生きざまを示すものとはいえ、いかにも「引っ越し大名」らしい自嘲の匂いもする。

「天祐」の方は子宝に恵まれたことかも知れない。

次男の基知《もとちか》は白河藩主を継ぎ、三男の宣富《のぶとみ》は越後騒動で改易となった光長の養子となって、越後松平家を美作津山藩として復活させる。四男の知清《ちかきよ》の子、つまり直矩の孫の宗矩は福井藩主の宗昌の養子となり、宗家を継ぐ。


忠直の改易や越後騒動の経緯から、後に福井藩と津山藩がともに越前家の嫡流を主張し、幕閣もその取り扱いに苦慮するが、この時点ではともに直矩の子孫が藩主の座にいたことになる。

後篇：前橋と川越

またまた幼少のゆえ

寛保元年（一七四一）、白河藩を継いでいた三代明矩《あきのり》はまた姫路に復帰する。三度目、五十八年ぶりである。

残念ながら、そしてまたまた国替えである。この明矩が急死し、寛延二年（一七四九）、十二歳の嫡子、朝矩《とものり》が「幼少のゆえ」を以って、姫路から上野前橋に転封となる。わずか八年、再びいつか来た道である。

気は重い、懐は軽い。藩士の引っ越しの費用も自前の割合が多くなり、「道中見苦しき分は少しもお構いなし」と通達した。形式や面子にはこだわらず、それぞれの才覚で何とかしろというわけである。

二度あることは三度あった姫路からの転封。こうなると傍から見れば笑い話にも近くなるが、まだ続きがある。

新たな居城の前橋城は利根川の水害で苦しめられ、明和四年（一七六七）には洪水で藩主の住まいを本丸から三の丸に移さざるを得ないほどだった。水害で〝落城〟してしまったのである。

城郭の復旧の見通しも立たず、領内の大火にも見舞われて、やむなく政庁を川越城に移した。ここからは前橋藩から武蔵川越藩となった。前橋は川越藩の分領となる。

〈松平大和守家の引っ越し〉

① 越前勝山藩　3 万石
② 越前大野藩　5 万石
③ 出羽山形藩 15 万石
④ 播磨姫路藩 15 万石
⑤ 越後村上藩 15 万石
⑥ 播磨姫路藩 15 万石
⑦ 豊後日田藩　7 万石
⑧ 出羽山形藩 10 万石
⑨ 陸奥白河藩 15 万石
⑩ 播磨姫路藩 15 万石
⑪ 上野前橋藩 15 万石
⑫ 武蔵川越藩 15 万石
（出羽庄内藩 15 万石）
⑬ 上野前橋藩 17 万石

＊太字は 2 代直矩が藩主
＊カッコ内の出羽庄内藩は決定後に取りやめ
＊これに伴い武蔵川越藩のままで 17 万石に加増
＊前橋→川越は藩庁（居城）の移動
＊川越藩時代の前橋は分領

川越に移った翌年、朝矩が死去。後嗣はわずか七歳の直恒《なおつね》だった。

直恒の時代は前橋城の破却や川越城の整備に追われるが、「川越いも」で知られるサツマイモの普及が進んだ。

江戸の焼き芋屋が「栗（九里）より（四里）うまい十三里（川越までの距離）」という売り文句を考案、商売繁盛となった。江戸―川越間の実際は十一里だった。

直恒の跡を継いだ直温《なおのぶ》は若死する。ここで弟の矩典《とものり》が登場する。矩典は始祖から八代目の大和守、川越藩主としては四代目である。この矩典は今でも名君とされるが、実際、なかなかのやり手でもあった。

治水をてこに領内の農村復興にとりかかり、着実に成果を挙げた。が、藩財政の窮迫を解決するにはほど遠い。

川越藩の表高は十五万石だが、実高はそれに見合っていなかった。収入がもともと同じ十五万石の姫路藩の時と比べて十万俵も少なく、加えて浅間山大噴火の影響でさらに二万俵が減ったという。

海防の重い負担

寛政四年（一七九二）、幕府はロシアのラックスマンが根室に来航すると、海岸線に領地のある各藩に沿岸警備の強化を命じた。この負担も次第に重くなっていく。

前橋、川越とも内陸部だが、相模国（神奈川県の大部分）に飛び地の領地を持っていた。明和年間に相模国に一万五千石、天明年間には相模国に五十二村があり、三浦郡と淘綾郡の七千三百石が直接、海浜に面していた。

当初は浦郷（横須賀市）に四十人余りを配置したが、文政三年（一八二〇）には百三十六人に増えている。

天保十三年（一八四二）には観音崎、走水、猿島、城ケ島、鎌倉のすべてを含む相模湾一帯が警備の範囲となり、家老、奉行をはじめ五百三人。観音崎などの台場には大砲を設置した。

幕府の海防の基本は「異国船打払令」だったが、アヘン戦争の顚末を知ってこれを撤回、外国船に薪水の給与を認めた。ただし同時に海防を強化し、相模沿岸を川越藩、房総沿岸の警備を忍《おし》藩に命じたのである。

これらの人数は現地に駐在している部隊で、外国船の入港という「有事」には川越から別に藩士を動員した。

後年のことになるが、弘化三年（一八四六）に米国のビッドルが江戸湾に侵入した際は一千人の藩士、三千人の村方が出動した。

これを受けて幕府は江戸湾の海防をさらに強化、弘化四年に彦根藩と会津藩を加えた四藩体制にし、川越藩は引き続き彦根藩と一緒に相模沿岸を担当することになる。

この頃の藩財政の収支を見てみる。

天保九年（一八三八）に幕府に出した藩財政の救済の願書によると、川越藩の収入は年貢米が二万七千七百四十石、金納分が一万八千四百三十九両。

度重なる転封などによって累積した借用金が四十万三千両にのぼり、この返済金が一年に三万六千二百両になっていた。

一石を一両と考えると、収入の八割近くが借金の返済に充てられている計算で、また借金をしてつなぐという完全な悪循環である。

将軍家から養子

この頃、大和守家と出自が同じ「越前家」の津山藩は十一代将軍家斉の子を養子に入れて、五万石から十万石の身上になっていた。

福井藩、明石藩の松平家も「越前家」で、縁組によって将軍家の身内になったことから、二万石の加増を受けていた。館林の越智松平家も家斉の子を養子に迎え、幕府とのつながりを強めて石見浜田に転封となった。

川越藩もここに目をつけ、手っ取り早く借財から逃れる作戦に出た。自分の子がいるにもかかわらず、家斉の子の紀五郎（後の斉省《なりさだ》）を養子に迎えたのである。

これにより大和守家の格式はぐんと上がる。

まずは定紋。始祖の直基の時に巴紋から五三桐紋に変わっていたが、徳川家の証である三つ葉葵紋となる。

次いで官位。従四位下侍従から従四位上少将に昇進したうえ、家斉の一字を拝領、矩典から斉典《なりつね》に改名する。行列の際に虎皮の鞍覆いを使うことも許された。

こうした「名」をとった勢いで、次にねらうは「実」である。

相次ぐ転封の命で振り回されてきた大和守家が今度はこちらから転封を願った。

照準を合わせたのは旧領の姫路。ところが敵もさるもの、姫路藩の酒井家も家斉の娘を後継ぎの正室に迎えて、防波堤を築いた。

川越藩は姫路を諦め、幕府から一万両の拝借金を得たうえで、場所を定めず、あまり遠隔地ではないところへの転封を頼み込んだ。

肥沃の地でも遠方では困るというわけで、九州の日田などへの転封で懲りていることが窺われる。

頼みの綱は将軍を退任しても実権を保持していた大御所の家斉。養子にした斉省の生母のお以登の方も家斉のいた西丸大奥で健在だったことから、「内願」の形でその周辺に精力的に働きかけた。

肥沃の地、庄内は幻

この作戦は成功した。

天保十一年（一八四〇）、川越藩松平家を庄内藩に、庄内藩酒井家を長岡藩に、長岡藩牧野家を川越藩にという歴史上も有名な「三方所替え」の形で結実したのである。

庄内藩も川越藩と同じ十五万石だが、米どころの庄内平野を抱え、実際の実入りは二十万石。そのうえ海運の拠点の酒田湊があった。

川越藩にとっては願ったり叶ったりで、幕府の正式な命にまでこぎつけた。

「予てよりの内願ご成就」――。さっそく三人の「忍びの者」を庄内に派遣し、内偵を進めた。報告は期待通りの豊かさだった。転封の準備にも力が入る。

藩士への引っ越しの費用も例えば百石取りは十五両一分、三百石取りは四十一両二分二朱と通常の倍の支給。前橋に来た時とは大違いで、庄内への期待の大きさが表れている。

一方の庄内藩。

国替と聞いて　涙も出羽の守
　　家中家来は　何としょうない

と意気消沈だったが、ここで藩主の酒井家や藩士よりも、領内の農民から強烈な反対運動が起きた。

川越藩の借金まみれは天下の知るところ。そんな殿様がやってきたら、どんな目にあうかと警戒し、忌避したのである。

通常なら農民の抵抗などは起きないし、起きても幕府の威光で蹴散らすところだが、家斉を利用した情実によるものであることは誰もが知っていて、同情は広まっていた。

「良きご領主様とお別れするのに忍びない」「百姓といえども二君にはまみえない」の声は他藩にも響いた。

庄内藩の農民は幕閣だけでなく、周辺の各藩にも直訴し、御三家の水戸藩を始め、「明日は我が身」を心配する外様の雄藩からもいかなる事情か説明してほしいとの声が強まってしまった。事実上の異議申し立てである。

翌天保十二年閏一月に家斉が死去。これで川越藩は後ろ盾をなくしてしまった。そのうえ五月には担保のような養子の斉省までが没した。

状況は一変、十二代将軍家慶の裁断で「三方所替え」は取りやめとなった。川越藩は二万石の加増で我慢させられた。

「三方所替え」の中止は幕府の威権を大いに損ねた。これに続いて江戸、大坂の周辺を幕府の直轄地にする水野忠邦の「上知令《あげち》」も撤回に追い込まれ、「天保の改革」は頓挫する。

「三方所替え」の中止は徳川時代の終焉に向けての歯車が回る起点となったのである。

川越に百年、前橋復帰

「引っ越し大名」の異名をとった松平大和守家は自ら引っ越ししようと何度も運動したが、結局、川越に百年近く在城した。皮肉にも転封の運動をしていない時に動かされ、運動をしている時は留め置かれた。

この間、天保二年（一八三一）に槍術師範でもあった郡《こおり》奉行の安井政章が分領の前橋に派遣された。安井は藩費に頼らず、領民の力で新田開発などを成功させ、利根川の改修工事も進めた。

その成果と領民の希望をもとに、大和守家十一代、川越藩主七代の直克《なおかつ》は前橋への復帰を再三、幕府に願い出た。

慶應二年（一八六六）にこれが認められ、前橋城の修復の完成を待って、慶應三年に川越城を棚倉藩の松井松平家に引き渡した。

松平家の川越藩は再び前橋藩になった。が、その年のうちに大政奉還。

明治に入ると、前橋藩は藩財政の立て直しを生糸に賭け、日本で最初の洋式器械製糸所である「前橋製糸所」を創設する。「藩営」である。「官営」（国営）の「富岡製糸場」の二年前。

領知の変遷は十三か所、引っ越しは十二回。締めくくりの前橋への帰城は大和守家の方からの希望だったとはいえ、始祖の藩主から最後の藩主まで、この家には宿命のように国替えに伴う「引っ越し」がつきまとった。

第七章　詐欺

湖面で水増し一万石
——堀江藩大沢家

前篇：「高家」から上昇

文字通りの水増し

現代の会社でも部長と取締役はステータスが違う。一般のサラリーマンにとって、取締役は一つのゴールである。

江戸時代の武家は一万石が分かれ目だった。九千九百九十九石ではだめで、一万石で「大名」（諸侯）となる。

いろいろな制約や義務も伴うので、実際には九千九百九十九石の方が何かと楽だが、やはり一万石の「大名」が夢であったのは現代の取締役と同じだった。

そうした中で、徳川幕府の下での石高は一万石の半分にも満たない旗本に過ぎないが、官位は老中や十万石級の大名より上で、格式だけは専務取締役といった家があった。

これを「高家《こうけ》」という。

明治維新となって身分制を藩屏列《はんぺいれつ》（後の華族）、士族、平民の三階級にする構想が打ち出された。華族になれるのは公家や大名で、幕府の旗本や各藩の藩士が士族、農工商が平民となる。

となると格式が図抜けて高かった「高家」も士族。足利幕府以来の名門のゆえに「高家」と遇せられてきたのに、「田舎ざむらい」と同じにされてしまうのか、それは何とも堪えられない。

ここで「そうだ」と思いついた「高家」がいた。この機会に「大名」になってしまえばいいのである。これまでの格式から言えば、それほどおかしなことではない。

こんな発想から領地の石高を大幅に水増しして新政府に申請、新しい「藩」として認められてしまった家がある。しかも水増しした領地は土地ではなく湖面。まさに水増しだったのである。

本当は三千五百石

大沢右京大夫基寿《もとすみ》。

遠江国堀江を中心とした三千五百石を領した旗本である。

堀江は現在の浜松市舘山寺町。舘山寺は曹洞宗の寺の名だが、ロープウェイのかかった舘山寺温泉で有名である。広大な浜名湖に面した光景を思い浮かべることもできるだろう。

大沢家は赤穂浪士に討たれた吉良上野介の吉良家と並ぶリーダー格の「高家」だった。

「高家」は徳川幕府の職名で、礼法指南役として殿中の儀礼を管掌し、特に朝廷と幕府の間をつなぐ役割が大きい。元禄十四年（一七〇一）、赤穂事件で吉良義央が京都からの天皇の使者である勅使の御馳走役になった浅野長矩をいじめたとされるのもこの役職からきている。

その起源には様々な説がある。名称からして格式の高い名家だからなのだが、足利高氏（後に尊氏）の流れを汲むので、その名の高をとったとか、室町将軍を公方と呼び、その縁戚を公家と呼んだが、公卿と混同するので、高家に字を変えたとか、定かでない。

慶長八年（一六〇三）、徳川家康が征夷大将軍に任じられた際、大沢家の先祖である基《もと》宿《いえ》に儀礼をつかさどらせたのが始まり、あるいは慶長十三年に基宿と吉良義弥《よしみつ》が朝廷と幕府の往来の典礼に関与したのが最初ともいわれる。

いずれにせよ徳川幕府の基盤が固まり、文治政治の時代になると、儀礼も増えてますます欠かせない役職になる。

武家の名門の末裔や公家の子弟を登用し、五代将軍綱吉の時代に一気に数が増えた。六代家宣の宝永七年（一七一〇）に二十六家で打ち止めになり、幕末まで続く。

「大概順《たいがいじゅん》」という幕府の役職の序列表があるが、「高家」は旗本の一位である。以下、側

〈「高家」に列した26家〉

① 有馬家（村上源氏久我家）	500石
② 今川家（義元の子孫）	1000
③ 上杉家（謙信の養子、政繁の次男）	1490
④ 大沢家（藤原北家持明院家）	3550
⑤ 大沢家（藤原北家持明院家）	600
⑥ 大友家（義統の孫）	1000
⑦ 織田家（信長の二男の子孫）	2700
⑧ 織田家（信長の七男の子孫）	2000
⑨ 織田家（信長の九男の子孫）	700
⑩ 京極家（丹後宮津藩主の子孫）	1500
⑪ 吉良家（旧姓蒔田）	1420
⑫ 品川家（今川義元の子孫）	300
⑬ 武田家（信玄の二男の子孫）	500
⑭ 長澤家（藤原北家持明院家）	1400
⑮ 土岐家（頼芸の四男の子孫）	700
⑯ 戸田家（村上源氏六条家）	2000
⑰ 中条家（藤原北家樋口家）	1000
⑱ 畠山家（室町幕府管領家の分家）	5000
⑲ 畠山家（畠山家の分家）	3120
⑳ 日野家（藤原北家日野家）	1530
㉑ 前田家（藤原北家押小路家）	1400
㉒ 前田家（菅原氏高辻家）	1000
㉓ 宮原家（足利氏古河公方の子孫）	1040
㉔ 由良家（新田義貞の子孫）	1000
㉕ 横瀬家（由良家分家）	1000
㉖ 六角家（藤原北家烏丸家）	2000

＊忠臣蔵で討たれた三河吉良家は断絶し、蒔田を名乗っていた武蔵吉良家が吉良家に改める

＊土岐家は本家筋のもう一家があったが、飲酒による傷害事件で改易

＊品川家は無嗣絶家から復活するが、1500石から300石に減知

＊このほかにも一代限りや交代寄合に代わったなどの「高家」もある

＊時期、史料により違いがある

衆、駿府城代、伏見奉行、留守居、大番頭などが続き、大目付は十三位、町奉行は十四位、勘定奉行は十五位で、火付盗賊改を兼ねることの多い先手頭は五十位台。

「高家」は実際に職務を受け持つ奥高家と、無役、幼少などの表高家に区分され、三人の肝煎《きもいり》を置いた。これを「三高」と呼ぶ。

藤原道長の玄孫が立てた持明院家に遡る家柄と、家康以来の功績を誇る大沢家は高家の中の高家で、この「三高」の常連だった。

朝廷で昇殿できるよう官位は高く、肝煎になると従四位上左近衛権少将（大沢基宿のみ例外として正四位上左近衛中将）まで昇った。大半の大名は従五位下なので、その差ははっきりしている。

ちなみに吉良義央を小説やドラマでよく高家〝筆頭〟と呼ぶが、これは間違いで、高家〝肝煎〟である。

浅野による松の廊下の刃傷事件が起きた際、実力者の柳沢吉保は老中格ながら、大老が任じられる従四位「下」左近衛権少将だった。これが柳沢が実質的に幕閣のトップであることを示す証なのだが、官位に限れば吉良が従四位「上」左近衛権少将で格上である。浅野は従五位下内匠頭。

伊勢神宮、日光東照宮に将軍の名代として参拝し、江戸城に帰ると御座の間で将軍と同じ上段に着座し、その報告を将軍は平伏して聞いた。ただし家禄はそれほど多くなく、畠山家（室町幕府の三管領の分家）の五千石が最高で、いったん絶家した品川家（今川家の庶流）は三百石。おおむね一千石から二千石だった。浅野は中小大名だが、五万三千石。

官位と禄高の落差から、「高家」はスポンサーの「大名」と昵懇になる必要がある。「高家」は殿中の儀式などで「大名」の世話をし、「大名」は礼法の指南を「高家」に頼り、お礼という名の付け届けをめぐる悪い噂も生じるわけである。

御用旅は横暴の極み

江戸城内でさえ付け届けをめぐる醜聞があるのだから、「高家」が京都や日光に出張する時も街道筋は大変だっただろう。何しろ将軍の名代なのである。

「高家」に限っての話ではないが、一般に幕臣は威張っていた。トラブルがあっては落ち度になるから大名は参勤交代の道中などでは大いに気を遣うが、幕臣はここぞとばかりに直参の「威光」を振りかざしたくなる向きがあったらしい。

例えば天保十三年（一八四二）には十二代将軍家慶の「日光社参」の下見に行った勘定奉行（道中奉行を兼務）の跡部良弼《よしすけ》が、先に古河宿に入っていた仙台藩伊達家の一行を追い出し、伊達家は野営を余儀なくされるという事態を招いている。跡部は「天保の改革」を進めていた水野忠邦の実弟。前任の大坂東町奉行の時に「大塩平八郎の乱」が起きたが、その責任を問われることもなく栄転していた。

伊達家はこれに懲りたのか、この後、幕末に外国奉行などを務めた江連堯則《あきのり》（榎本武揚の義弟）と千住宿でかちあうことが分かると、江連が自分たちはわずかの人数だから、本陣（格式の高い公的な旅宿）をお使いなさいと譲ったのに、わざわざ出発をずらして、千住宿への到着を翌日にしている。

通行するのが幕臣ではなく、将軍家御用の茶葉という「お茶壺道中」ですら、その傍若無人ぶりは小説や映画にもなっていて有名。

公家のたかりということでは「日光例幣使《れいへいし》」が知られる。日光東照宮の例祭に合わせて、朝廷も幣帛《へいはく》（神に奉納するものの総称）を奉納する勅使を派遣していた。毎年のことなので例幣使と呼ばれた。

勅使に選ばれるのは中級の公家で、人気殺到、大変な競争だった。なぜなら例幣使になれば一財産がつくれるのである。

伝承として残っているのは例幣使が駕籠から落ちたという話。勅使が怪我でもしたらどうすると難癖をつけて、街道筋に金品を強要したというのである。

多くの目撃譚があり、落ちるぞ、落ちるぞと中から駕籠を揺すったため、「強請《ゆす》る」という言葉ができたとまで言われている。

が、実際には立派な装束を身にまとった公家がわざと落ちたというようなことがあったのだろうか。トラブルが起きないようにあらかじめ街道筋の宿などが旅行の無事を祈って〝ご報謝〟をしていたということではないのだろうか。

むしろ問題は例幣使が決まると、出入りの商人たちがこの機会に借金を取り戻し、「大名旅行」もしてみたいというので、家来になってついてきたことの方だろう。この家来がゆすりめいた行動をとったとなればうなずける。

「高家」の権威はこれ以上でもあり、どんな道中だったかは推して知るべしである。

大政奉還を届け出

さて石高を詐称した幕末の大沢基寿である。

基寿は激動の時代の舞台となった京都にいて、長州藩が御所を奪回しようと攻め込んできた「禁門の変」（蛤《はまぐり》御門の変）にも遭遇している。

「最後の将軍」となった慶喜の大政奉還の上奏文を朝廷に届けたのも基寿である。御所で武家伝奏だった飛鳥井雅典に会って、渡したという。飛鳥井は前年に慶喜が十五代将軍になる時、将軍宣下を勅使として伝宣しており、就任も退任も扱ったことになる。

「鳥羽伏見の戦い」が始まる前、基寿が幕府の京都の拠点である二条城に行くと、会津、桑名の兵が具足を着け、抜き身の槍を持って走り回っている。衝立の陰や縁の下にも兵が隠れていた。

　軍《いくさ》評定では京都町奉行を勤めた大久保忠恕《たださと》（主膳正）、小普請支配だった高力《こうりき》直三郎、新撰組局長の近藤勇らが戦うべしと激論をなし、慶喜の寝所まで行って起こして訴えたが、少しも聞き入れない。やがて玄関は会津の兵が固めているので、慶喜は庭の門からこっそりと出て大坂城に行ってしまった。

　禁裏附（朝廷担当）の役だった基寿は御所に行って台所門から入ったが、同じ禁裏附の武家は御用箱を投げ出してもういなくなっている。公家も大納言も中納言も伝奏も見当たらない。

御用箱を持って二条城に帰ったところ、禁裏附の役は廃されたという。そこで目付の梅沢孫太郎（元水戸藩士、慶喜の側近）、山陵《さんりょう》奉行の戸田忠至《ただゆき》（宇都宮藩家老の間瀬和三郎が改名）の三人で散乱した書類の片づけをしたりしていた。

山陵奉行は歴代の天皇の御陵（墓）などが荒廃していたことから、その修理、管理のために幕末に設置した役職。「禁裏御陵衛士」が付属しており、近藤と袂を分かった新撰組参謀の伊東甲子太郎《かしたろう》が就いたことで知られる。

ところが朝廷より幕府の役宅は全て明け渡して差し出せとの命令が来た。梅沢は「天狗党の乱」の時に死に損なったので、ここで死ぬと言い張ったが、結局、三人とも追い立てられる形で慶喜の後を追い、大坂城に向かった。

しかしその大坂城も慶喜が味方の兵を欺いて、江戸へ脱出してしまう。置き去りにされた幕臣とともに、基寿も御座の間に座り込んで、つくづく情けなくなった。

もう「高家」もへったくれもない。時代は音を立てて変わっているのである。自分の家を守らなくては。基寿はふっきれた。

「湖面」で水増し

ここでも官位のプライドと禄高の実入りの落差が基寿の心の中で渦巻いた。

大沢家の石高は三千五百五十石。「高家」の中では多い方である。実際の実入りを示す実高は五千四百八十五石。これを「大名」の要件である一万石を超えるようにしてしまえばいい。事実、ずっと凡百の大名より上の存在だったのである。

基寿は実高に四千五百二十一石を上積みし、よく調べてみたら我が領地は「一万六石」でしたとして新政府に申請した。

「私領内篤と取り糺し候処、現高の外、『追々開墾地』取り合わせ、（中略）何卒出格の御詮議を以て藩屏の列に加えられ候様」にと訴えたのである。

上積みの分は「おいおい開墾する土地」。これで一万石を超えるので、藩屏列、すなわち「大名」として扱ってほしいというわけである。

問題はこの「おいおい開墾する土地」が何と浜名湖の「湖面」だったことである。到底、簡単に干拓できるわけもなく、何らの目途も立っていない。この時点では完全な詐欺である。

普通ならこんな申請が通るはずもないが、明治維新の混乱の中である。そのうえ基寿は

「高家」だったことで、朝廷とつながりがあり、「本領安堵《あんど》」を目指し、早くから自己の立場を利用して新政府にすり寄っていた。

慶應四年（一八六八）二月、上方にいた基寿は同僚の京極高福《たかとみ》と朝臣になることを願い出、次いで江戸にいた残りの「高家」をまとめて勤皇の意思を表明した。

その結果、五月には「高家の輩《ともがら》、自今、朝臣に仰せ出され候」（「太政官日誌」）として、「高家」は全員、幕臣から朝臣への乗り換えを果たしている。

基寿の領地は新政府軍が上方から江戸へ向かう途中にあり、輸送などの面で行軍に協力したということもあって、水増しの「大名志願」は認められた。基寿の大沢家は「高家」の中でただ一家、「大名」に昇格し、領地の名を取って「堀江藩」が誕生してしまったのである。

後篇：「華族」から転落

「附家老」ら大名に

明治二年（一八六九）に新政府が調べた「大名」の数は二百七十家。慶應三年（一八六七）の大政奉還の時点より十五家、増えている。厳密には藩主自らが脱藩して戊辰戦争に参加し、唯一、取り潰しになった上総請西《じょうざい》藩があるため、新たに十六家が誕生している。

まずは御三家の附家老。徳川家の直参だったが、家康の子による御三家ができた時、それぞれの附家老になった五家を言う。尾張の成瀬家（犬山）、竹腰家（美濃今尾）、紀州の安藤家（田辺）、水野家（新宮）、水戸の中山家（松岡）である。江戸時代からずっと独立の運動をしてきたが、明治になってやっと実現した。

同じような立場だったのが吉川《きっかわ》家（岩国）。長州藩の毛利家の一門で、六万石を与えられていた。「関ケ原の戦い」で西軍の総大将についた毛利輝元が切腹に追い込まれず、毛利家も存続できたのは、「毛利両川《りょうせん》」（毛利本家と小早川、吉川両家による体制）の一角である吉川広家が家康に内通、小早川秀秋を裏切らせて東軍の勝利につなげたからというのは有名な史実である。

ただ毛利家は八か国、百十二万石をそのまま安堵されると思っていたが、家康はこの約束を反故にし、周防、長門の二か国だけ、それも広家に与えた。結局、広家は自分の領地を輝元に充てるよう懇請、家康も認めた。輝元はその中から広家に周防の岩国を分けた。

吉川家にして見れば、自分の働きがあったので、本家の毛利家は存続できたと思っているが、毛利家は吉川家が家康に騙されて、二か国に押し込められるはめになってしまったと考えていて、確執がずっと残った。

　吉川家は江戸時代を通じて独立の大名になることを望んだが、毛利家が認めなかった。実際には幕府は江戸城での控えの間や将軍との拝謁などで、吉川家を独立した大名として遇していたが、形の上では徳川家の家臣である毛利家の家臣、つまり陪臣だった。

　徳川宗家（旧将軍家）は静岡藩になり、江戸時代は宗家の家族の扱いだった御三卿の田安家、一橋家も立藩が認められる。御三卿の清水家だけが立藩しなかったのは、当主の昭武（慶喜の弟）がずっと欧州にいて、帰国後、直ちに実家の水戸藩を継いだからである。

高家からは一家だけ

　新たに「大名」になった残りの七家のうち、山名家（但馬村岡）、池田家（播磨福本）、山崎家（備中成羽《なりわ》）、本堂家（常陸志筑《しづく》）、平野家（大和田原本）、生駒家（出羽矢島）の六家は徳川幕府では一万石以下で「交代寄合」という分類だった。

　この交代は参勤交代の交代で、大名と同じように領地に住んで江戸との参勤交代をするが、身分はあくまで高級旗本を指す寄合である。名門の末裔や分家が多い。

新政府への申請は、「応仁の乱」の主役で全国の六分の一を領した山名家の末裔でも六千七百石を一万千石。平野家の五千石から一万一石というのもあり、何やら怪しい数字だが、「交代寄合」はもともとは大名という家も多く、名門の味方がほしい時期でもあって、新政府はまとめて認めた。

徳川幕府では「高家」も「交代寄合」も名門だが、「高家」の方が格式が上で、羽振りもよかった。だから自分も「大名」になってどこが悪いという基寿の思いも分からないではないが、「高家」で大名になったのは大沢家だけであることに、その特異性がある。

いったんは消滅した旧将軍家の徳川宗家に新たに七十万石を与え、駿河、遠江、三河の三か国で静岡藩がつくられた時、この地域にいた大名は今の千葉県に当たる上総、安房の二か国に移された。徳川家のために「空き」をつくったわけだが、堀江藩は動かなかった。沼津藩水野家五万石、田中藩本多家四万石、小島藩滝脇松平家一万石、相良藩田沼家一万石、横須賀藩西尾家三万五千石、浜松藩井上家六万石、掛川藩太田家五万三千石らが軒並み転封となったが、堀江藩は残ったのである。「開拓の事業がある」という虚偽が逆に残留の理由になってしまったのだろうか。

徳川宗家の静岡藩と大沢基寿の堀江藩。駿河、遠江の二か国にはこの二つの藩しかない。

形の上では世が世なら十六代将軍の徳川家達《いえさと》と同格の「大名」である。

士族に落とし、禁錮一年

徳川幕府は藩の内政には干渉しなかったため、江戸時代なら大沢家の不正ももっと長く通用したかも知れない。が、明治二年（一八六九）に版籍奉還、四年に廃藩置県と進む中で、当然、新政府は石高などの調査を進めた。

さすがに危ないと思ったのか、七月の廃藩置県前には石高の半分を開拓の費用に充てることを申請、許可を得たりしている。しかし全く事業は手つかずで、偽帳簿を提出したり、担当の藩士が逃走するなどの隠蔽工作を展開したが、廃藩置県後の十月には全てが明るみに出てしまった。大沢家は「湖でも魚が獲れる」くらいの反論しかできなかった。

十一月、司法省は基寿を士族に落とし、禁錮一年の処分を下す。

「元堀江県知事、大沢基寿、右の者儀、藩屏列出願の節、旧臣ども申し出に任せ、篤と事実取り糺しも致さず、旧領地先海面等開墾見込無之地を詰め込み、一万石余の高附帳を差し出し為し、遂に願い通り仰せ付けられ、猶上地に相い成候場合、虚飾の高帳差し出し為し候段、不埒に付き士族に下し禁錮一年申し付くるものなり」

基寿は初めに家臣の虚偽の提案を認めた責任のみならず、廃藩置県で上地（領地を没収）となった際にも「虚飾の高帳」を出した責任も問われている。二つの罪を負ったことになる。

が、この判決で見る限り、基本的に首謀者はあくまで藩士で、基寿はそれに乗ったということになっている。

実際、家老だった金沢利勝（堀江県大参事）、浜野従親（小参事）、木部直昭（小参事）、内田直男には基寿より重い禁錮一年半が申し渡されている。

基寿の発案を家臣がかばったのかどうか。それは分からないが、藩ぐるみの不正だったことは間違いない。

上野で栄華を語る

十二月、大蔵省は旧旗本の取り扱いと同様に、基寿の領地権はなくし、三千三百五十六石二斗の禄高から引き当て、米百二十石を家禄として与えるので、残っている藩債はこの中から返済せよと命じた。開拓費の負担は免除した。

大名にならなかった他の「高家」も同様で、知行所と家臣団を失い、当主と家族から成る一般の士族の家となった。

その後、基寿は基輔と改名し、東京で出版や新聞発行に携わって暮らしていたが、明治三十二年（一八九九）末、上野東照宮社務所に出向いて、旧幕臣を前に往時を語った。

当時、徳川家にゆかりのこの場所で、「旧幕府史談会」なる会合が月ごとに開かれていた。老齢にさしかかった基寿がわざわざ足を運んだのは、最後に過去の栄光を語っておきたかったのだろうか。

「往来の途中で御三家に逢いましても、駕籠のままで下りませんでした。もし高家が駕籠を下りますと、御三家も下りる規則でしたゆえ、向こうの便利からこちらで下りなかったのです」

「肝煎になりますと、役得というものがあったそうです。（正月の）お流れ頂戴の式は長柄の口へ御盃を乗せて出し、つぎます時に戴く人が盃を取り落とすことがあっては失礼ですから、前から高家へ問い合わせ、来年のお酌は誰様と聞き置き、国産の品などをその高家の家老、用人などに贈って、歓心を求めたそうです」

「ですから吉良上野介をやればやれたのでしょう。あの元禄の浅野の前年は私の家の基恒と申す者と例の上野介が何か衝突し、殿中にて争論がありました。大沢も吉良も高家の肝煎であったそうです。基恒はその年に死去いたしましたから、浅野の時は吉良一人が古株でした」

「高家の着した直垂《ひたたれ》は二十両くらい、衣冠は三十両くらいかと思います。京都へ参りましても、お公家とは交際は致しません。高家の方が金を使って損になります」

「新役で初めて詰所に出ます時は三日の間は手を畳に置き、肘をついたきりで、みだりに顔を上げることができません。古参の弁当の給仕をしなければなりません。役を勤めますには別に深いことはなく、手留と称す慣例の控帳があり、慣例の通りにすればよいのですから、有職などという故典などを知らないですみます」

旧幕時代は今や昔。基寿は何事もなかったかのように往時の〝栄華〟をざっくばらんに語っている。

この後も何度か「史談会」に出席したが、「一万石のウソ事件」に触れることはなかったようである。少なくとも記録には残っていない。

第八章　最大　空前絶後の大左遷

——静岡藩徳川家

前篇：難行苦行の大移動

泰平の江戸の正月

慶應四年（一八六八）正月。

江戸は泰平だった。いつもと変わらずに餅つき、松飾り、厄払いで年は暮れ、明ければ獅子舞も、鳥追いも、万歳も来た。

年末には江戸市中取締の庄内藩による三田の薩摩屋敷の焼き討ちがあり、火事でその近在も燃えたが、これも何やら徳川様が御灸をすえたといった嬉しい気分。戦争になるという感じはみじんもなかった。

薩摩屋敷から浪士隊が逃げた海沿いにかけてドンパチがあっても、江戸城をはさんだ反対側の四谷あたりでは呉服屋も絵草紙屋も大変な人だかり。羽根はつく、太鼓の音はするという平穏な日々が続いていた。

慶喜のお供で上方に行っている幕臣の留守宅でも「大政の返上とか、悪い話が多いけれど、早く帰ってきてくれればいいのにねえ」といった案配で、雑煮で祝い、宝船を買って初夢を見ていた。

が、知らぬが仏とはまさにこのことである。

同じこの正月の三が日に、上方では鳥羽街道を封鎖していた薩摩藩兵と京都へ進軍する徳川方の先鋒が衝突していた。「鳥羽伏見の戦い」である。

戦況が不利と見た徳川方は裏切りが相次ぐ。その昔、家康が「わが陣の外様の先鋒は藤堂家」と強い信頼を寄せた津藩、時の老中を出していた譜代の稲葉家の淀藩までが背を向けた。

あっという間に徳川方は大坂城への退却を余儀なくされ、名実ともに徳川幕府は崩壊する。

新政府軍の江戸への進駐を経て、徳川家は駿河、遠江の二か国を中心に七十万石の「大名」へと転落する。大名に転封を強いてきた徳川家が転封を迫られたのである。

正月を寿いだ慶應四年は九月には改元されて明治元年になった。ほんの半年余り前、江戸の幕臣も家族も知らぬ土地へ移住することになるとは思いもよらなかった。

徳川家は直轄地が四百万石、家臣の旗本の領地なども合わせると八百万石に迫ったといわれる。新たに与えられた駿河府中藩（後に静岡藩）はその十分の一以下。

史上最大の「左遷」である。

身の振り方は三択

　塚原靖《しずむ》という人がいる。幕府の鉄砲方である百人組の与力だった。明治の世では「渋柿《じゅうし》園《えん》」と名乗ってジャーナリスト、小説家になった。

　塚原は徳川家に従って駿府に行き、沼津兵学校にも学んで、この顚末を実際に目にしている。

「江戸の正月」の様子も塚原の回顧によるものだが、引き続き激動の時代を聞いてみよう。状況がとんでもないことになっているのを知ったのは七草も過ぎた一月十二日だった。新撰組にいた松岡萬という知人に街で呼び止められた。声も様子も何か切羽詰まっている。どうしましたかと尋ねると――。

「いや実に大変です。京都は大戦争。敵は薩長で、お味方大敗走。上（慶喜）も昨夜、蒸気船でお帰りです。あなたもお覚悟なさい」と血眼である。

　が、大敗北や慶喜の帰城もしばらくは真贋半ばする説として流布していた。実は幕府軍が勝って、京都を取ったが、まだ人数が足りないので、兵を召し連れるためにいったん江戸にお帰りになったのだとか、いい方に言い合っていたという。

やがて厳しい現実が確定する。

この頃の徳川家の家臣、つまり幕臣は旗本が六千人ほど、御家人が二万六千人ほどといわれ、合わせて三万二千人以上。駿府藩の七十万石で抱えることのできるのは五千人程度と見られていた。もちろんこの五千人も大幅な俸禄の削減が前提である。

徳川家は①徳川家から離れて朝臣となり、新政府に仕える②お暇をとって農業や商業を始める③無《む》禄《ろく》を覚悟で一緒に移住する——の三つの選択肢を示した。

その結果、取り急ぎ意思を示したのは朝臣希望が三千八百人、お暇が約三千五百人、無禄移住が三千九百五十人。実際には朝臣に転じたのが五千人、お暇になったのが三千六百人、静岡に移住したのが一万二千人だった。

この人数は混乱の最中ということもあってまちまちで、函館戦争までの各地で戦った者は入っていないし、「変節漢」と後ろ指をさされるのが嫌で新政府に仕えたことを公にしなかった者などもいて、おおよその見当である。いずれにせよ相当な人数が歴史の谷間に消えてしまっている。

駿府へ難行苦行

新政府は自分たちの役所や住居として江戸にあった幕臣の屋敷を使いたかったから、早急な明け渡しを迫った。不満と反発を宿した大量の幕臣が江戸に残っていることも不安だったのだろう、移住を急がせた。

徳川家は「無禄移住」を希望する者について、禄高が百俵以上は自費で、百俵未満は藩費での船による移住を決めた。十月三日から十一月九日まで、借り上げた外国船で合計一万人以上を東京から清水まで運んだ。江戸は七月十七日に東京に改められている。

この船中は凄まじいものだった。塚原の回顧をそのまま紹介する。

「船中の混雑を防ぐためでもあろう、階子《はしご》は取ってある。脇の手すりに捉まって下方を見ると、臥棚《ねだな》もなければ何もない伽藍堂《がらんどう》の板敷の上に、鮨を詰めたと言おうか、目刺を並べたと言おうか、数限りも知れぬ人間の頭がずらりと並んで、誰も彼ももう寝ているのだが、その枕としているのは何だというと他人の足で、自分の足もまた他人の枕にされているのだ」

こんな時に特に大変なのはトイレ。四斗樽が十四、五も並べてあったが、旗本の奥様、お嬢様といわれていた人たちの苦労は想像に絶する。

塚本の父は気の回る人だったので、小型の御虎子《おまる》を二つ拵えて手荷物として持っていった。貸してほしい、貸してほしいと大もてだったという。

塚本は聞いた話として、船中で死人が四、五人、出産が五、六人あったと伝えている。

もちろんもう少しましな旅程で駿府に入った幕臣もいた。自費での移住となった高禄の旗本らで、例えば七百五十石の書院番士、間宮信興は今の横浜市内にあった知行地にも立ち寄り、行列を整えて向かった。

千五百石で陸軍副総裁を務めた藤沢次謙《つぐよし》も六人家族で徒歩で出立、相模原市内の知行地にも回り、名主に戸塚宿まで見送られている。九月二十日発、二十四日着だった。

蓄えもあり、余裕をもって陸路を進み、ともに知行地が江戸と駿府の間にあったことで、領民との惜別の交流もできたのである。

しかし大多数が苦難の行路であったのは言うまでもない。高禄の者も藩庁に職を得ない限り、貧窮の世界が待っていた。旧幕時代との収入の落差は高禄なほど大きい。

「妖怪」、江戸に帰る

この頃、何と二十三年ぶりに東京に戻り、やがて静岡にも行ったかつての町奉行がいる。鳥居燿蔵《ようぞう》である。

水野忠邦の「天保の改革」の際、甲斐守にかけて「妖怪」とあだ名されて怖れられた鳥居は咎められ、弘化二年（一八四五）に改易、讃岐丸亀藩に流されていた。維新の恩赦で明治元年（一八六八）十一月二十五日、江戸から名が変わった東京に帰った。七十三歳になっていた。

岩本馨氏の研究によると、下谷長者町にあった鳥居の屋敷は没収され、後継ぎの成文もずっと浪人となっていたが、妻が信濃高島藩の諏訪家の娘だったため、その庇護を受けていたとみられ、親子は渋谷宮益坂の高島藩下屋敷で再会を果たした。

この前年に成文は三百俵取りの幕臣として召し出され、上野東照宮御用掛取扱に就いていた。このため駿府藩が誕生しても、すぐには移住しなかったが、明治三年になって東京を離れ、燿蔵も同行している。

明治四年の廃藩置県の後、明治五年に成文とともに再び東京に戻り、明治六年に七十八歳の生涯を閉じている。

丸亀での流《る》謫《たく》の四半世紀を生き抜き、晩年に江戸に戻り、徳川家とともに静岡に移住し、かつての栄光を確かめるかのように縁者と交流する。その精神力の強さこそまさに「妖怪」を彷彿とさせる。

府中は「不忠」？

さて海路での難行苦行の末、新天地に着くには着いた者も、そこから定住の地を見つけるまでが大変だった。ここでは樋口雄彦氏の研究に従い、旧幕臣の多喜家の例を見てみよう。

蒸気船で清水湊に着いた後、江尻宿でしばらく滞在、志太郡五十海村（藤枝市）の岳叟寺に入った。ところが五家が一緒だったため、わずか二畳に三人が寝起きする狭さ。その後、明治二年（一八六九）四月には駿東郡上香貫村（沼津市）の光明院を寓居に定めたが、寺の都合で追い出され、同じ村の水車小屋を借りるはめになった。

しかし場所が場所だけに、狩野川の氾濫で危険な目に遭い、沼津宿裏町の薪商、翌三年冬には沼津宿大門町の薬種商の家作を転々とする。

駿東郡元長窪村（長泉町）に藩が建設した長屋を開墾地とともに入手できたのは四年十一月。廃藩置県後のことだった。

これに先立ち明治二年、駿河府中藩は静岡藩と改称する。府中が日本の各地にあってどこか分かりにくいのと、「不忠」につながるといういかにもの理由もつけて、新政府から変更を迫られたのである。自主的に変更を願い出た形をとったのは言うまでもない。静岡の「静」は今の静岡市葵区にある賤機山《しずはたやま》の「賤」から来ており、いったんは「賤ヶ丘」で固まったが、幕臣で静岡学問所頭取になった向山黄村の提案で「静」に変えられた。

徳川家は祖創の地である駿河府中、すなわち「駿府」の名も失った。

藩の役職に就く五千人以外は「無禄移住」を覚悟するように通達していた徳川家だが、あまりの窮状に結局、無役の者にも最低限の扶持米を支給する方針に転換した。

これに伴い無役の旧幕臣は「勤番組」という組織に編成された。領内の十か所（後に沼津を入れた十一か所）に分けて置かれ、どこに配置されるかはくじ引きで決まった。

支給された扶持米は三千石以上だった幕臣が五人扶持、千石以上は四人扶持、五百石以上は三人扶持、百石以上は二人半扶持、二十俵以上は二人扶持、二十俵以下は一人半扶持。

一人扶持は一日に玄米五合。五人家族なら一人一合（約百五十グラム、軽く一膳）の勘定で、とても暮らしていける量ではない。

が、七十万石で一万人以上の家臣を養うのもまた無理だった。

海苔を採り、蕨摘む

塚原も駿河田中城に「勤番組」として詰めた。その時の様子をこう話している。

「非番の折には城内から一里半ほどの海辺へ行って、青海苔を採ってきて、干して食う。あるいは山手の谷へ行って、蕨やゼンマイなどを摘んで食う。いやもう伯夷叔斉《はくいしゅくせい》と島の俊寛を合併した景色でした。ある人はその三食の資に尽きて、家内七人枕を並べて飢えて死に、ある人は餓死しそうだと知って、麦粥を食わせたところ、ひもじいままに一度に数椀をかきこんでしまい、みるみるうちに非常の苦悶を発して、息絶えたと聞きました」

文人だった塚原は首陽山に隠れて蕨を食べながら餓死した中国古代の伯夷叔斉や、平家打倒の陰謀が発覚して鬼界が島に流され、最後まで赦免されなかった俊寛僧都《そうず》を引き合いに出して、食べ物にもこと欠く過酷な環境を振り返っている。

こうした厳しい状況の下でも、静岡藩は「賊軍」「朝敵」とされて死んだ旧幕臣やその遺族には何かと恩情を示した。戊辰戦争の後、各地で赦免され、帰藩が許された者には最低限だが、三人扶持を与えた。

遺族にも希望によって家督の相続を認めた。これにより函館戦争で戦死した中島三郎助、甲賀源吾、古屋佐久左衛門ら戊辰戦争の立役者の遺児も藩士になれた。

中島はペリー来航の際の浦賀奉行所与力で、副奉行と称して旗艦の「サスケハナ」に乗船。長崎海軍伝習所の一期生となり、幕末の造船学、航海術などを主導した。病で身を引くが、何度も改めて召し出され、五稜郭の函館戦争で長男、次男とともに戦死している。甲賀は榎本艦隊の「回天丸」の艦長。宮古湾に突入し、甲板上でこめかみを撃ち抜かれた。古屋は「蝦夷共和国」の歩兵頭だった。弟は日本での赤十字運動の先駆者とされる高松凌雲。負傷し、現地で函館病院を開設した凌雲の手当を受けたが、息絶えた。

静岡藩は明治三年（一八七〇）四月、後に静岡県令となる旧幕臣の関口隆吉を函館に送り、函館戦争で降伏した四百二十一人の引き渡しを受けた。

「士族の商法」あれこれ

塚原は江戸に残った知り合いの有様も書き残している。有名な「士族の商法」のあれこれである。

実は蓄えも何もないいわゆる貧乏御家人の家の方が何とかやっていたという。もともと内職はしていたし、その延長で楊枝を削る、束子《たわし》を束ねる、刻みたばこの葉を揃える、御仕立物いたしますの看板を出すといった具合。もちろん手にまめができるくらいで、もうけは雀の涙だが、後々まで大きな損耗はなかった。

逆に元手があるので、酒屋、米屋、汁粉屋、蕎麦屋、もしくは小金貸などに手を染めた者はほとんどが瞬く間にスッテンテン。

例えば塚原の知り合いの御先手与力の家はこの金貸をやった。ある時、行ってみると、借り手が入れ代わり立ち代わりやってきて大繁盛。みんなお礼に砂糖だ、酒だ、菓子だ、反物だと持ってくる。

その家の夫人は「塚原さん、商売は金貸に限る。割のいい利子を取ったうえに、毎日、いろいろな品物をもらいます。これを始めてから酒も卵も魚も買ったことはありませんよ」と誇らしげだったが、案の定、その年のうちにすべて踏み倒され、五、六百両もすって、夫婦乞食になってしまったという。

汁粉屋を始めた家も勘定を締めるごとに儲かって儲かって仕方がないと大喜びだった。が、さすがにおかしいとよく調べて見ると、餅や米粉は知行所から収めてきたものだから原価に入れず、買い入れた小豆と砂糖の代金だけで算盤をはじいていた。これではいけないというので、さて米の値段はいくらだろうと聞いたが、周りに知っている者は誰もいなかった。

塚原は「酒屋は主人が先に飲みつぶれ、古着屋は奥様が先に袖を通すといった有様だから、早いのは三月か四月、よく持って一年と辛抱したのは稀」と身内の不幸ながら、なかばあきれている。

後篇：「最後の将軍」残照

十六代、六歳でお国入り

徳川宗家（旧将軍家）の十六代、つまり駿河府中七十万石の藩主となったのは田安亀之助である。歴代の将軍と同様に家の字を冠して家達《いえさと》と名乗ったが、まだ数えで六歳だった。亀之助の父の慶頼《よしより》は十一代将軍家斉の弟の子で、御三卿の田安家を継いだ。十三代家定、十四代家茂のはとこ（再従兄弟）に当たる。水戸家から一橋家に入った慶喜に比べ、血筋としては当時の将軍家の「嫡流」に近い。家茂も自分に万一のことがあった場合は亀之助を跡目にするよう遺言したといわれる。

実際、慶喜を嫌いになっていた天璋院（島津家から来た家定の御台所）らは亀之助を推したが、何分にも国事多難の時代であり、幼児の将軍ではいかんともしがたいとする幕閣に押し切られて、慶喜が十五代になった経緯がある。

従ってまだ幼児であることに変わりはないが、十六代となれば亀之助以外はあり得なかった。

亀之助改め家達が東京を出発したのは慶應四年（一八六八）八月九日、駿府に着いたのは十五日。

供は百人足らずの質素な行列で、家達の駕籠には女中の初井が一緒に乗った。

行き会う大名の中には徳川家の行列の印を見て、旧幕時代と同様に駕籠を降りて土下座した者もいたが、赤の毛の三角帽をかぶった官軍の将兵の中には、すれ違いざまに路傍の木立にいる鳥をめがけて鉄砲を撃ち、轟音で驚かせようとした者すらいた。

時代である。供の者は複雑な思いだっただろうが、おかっぱ頭の家達は駕籠からちょいちょい顔を出し、「あれは何」「これは何」と無邪気に尋ねていた。

家達は駿府で元の城代屋敷に入った後、「宮ヶ崎御住居」（浅間神社前の神官邸）に移った。明治四年（一八七一）八月、廃藩置県で東京に移住。英国留学の後、新築した「千駄ヶ谷邸」に住む。

現在の千駄ヶ谷駅を背にすると、大通りを挟んで右手が津田塾大学、左手が東京体育館。この双方が「千駄ヶ谷邸」の敷地で、大通りは家の中の通路だった。六万坪くらいあったというから、東京ドームの四個分以上である。馬場も農園もあり、子供たちは「狸が出て汽車の音の真似をする」と聞かされていた。

家達はやがて明治三十六年から昭和八年（一九三三）まで三十一年という長きにわたって貴族院議長を務め、これを終の棲家とした。

慶喜は写真と子づくり

さて「最後の将軍」の慶喜である。

慶喜は慶應四年（一八六八）二月から上野寛永寺の大慈院で謹慎に入り、四月には実家のある水戸に移る。そして七月十九日に水戸を発ち、銚子まで出て、海路で二十三日に清水湊に着いた。

乗船したのは旧幕府の軍艦、「蟠龍丸」で、艦長は榎本武揚。榎本はこの後、北海道に船首を向け、函館戦争を戦う。

慶喜には京都以来、ずっと警護を担ってきた江戸の町火消、新門辰五郎も従っていた。辰五郎は同じ渡世の清水次郎長に会い、慶喜のことを頼む。この後、次郎長は慶喜が清水湊に来るたびに世話をし、礼として熨斗目《のしめ》（武士が裃などの下に着用した絹の小袖）を贈られている。

慶喜がまず入ったのは駿府の宝台院。明治二年（一八六九）九月には謹慎が許され、紺屋町の旧代官屋敷（現在の浮月楼）で暮らした。

正室の一条美賀子は江戸小石川の水戸藩邸などにいたが、明治二年十一月に静岡に来た。足かけ七年ぶりの同居である。

この間、慶喜は何をしていたのか。放鷹、投網、打毬、大弓、謡曲、絵画などの趣味と子づくりに没頭していた。

慶喜は明治になってからだけで二十一人の子をもうけている。死産の二人、安政年間に夭折した正室の子を入れると二十四人である。

ただし十一代将軍の家斉のようにあまたの側室がいたわけではない。幕臣の娘であるお幸、お信の二人がほぼ交互に産んでいる。

〈慶喜家系図〉

- 一条忠香
  - 照姫（慶喜の最初の婚約者）
  - 寿栄姫（明治天皇の皇后）
  - 美賀子（今出川家からの養女）

- 水戸徳川斉昭
  - ⑮慶喜 ＝ 美賀子
    - ＝ 中根幸（側室）
    - 新村信（側室）
    - ⑯家達 — ⑰家正 — ⑱恒孝
    - 子女
      - 敬事（夭折）
      - 善事（夭折）
      - 琢磨（夭折）
      - 鏡子（田安達孝夫人）
      - 厚（分家、男爵）
      - 金子（夭折）
      - 鐵子（一橋達道夫人）
      - 筆子（徳島蜂須賀正韶夫人）
      - 仲博（鳥取池田輝知養子）
      - 脩子（夭折）
      - 斉（夭折）
      - 良子（夭折）
      - 浪子（津山分家松平斉夫人）
      - 國子（高崎大河内輝耕夫人）
      - 経子（伏見宮博恭王妃）
      - 糸子（四条隆愛夫人）
      - 慶久（慶喜家家督）
        - 慶子（夭折）
        - 喜久子（高松宮妃）
        - 慶光
        - 喜佐子（榊原政春夫人）
        - 久美子（松平康愛夫人）
      - 寧（夭折）
      - 英子（水戸徳川圀順夫人）
      - 誠（分家、男爵）
      - 精（勝海舟養子）

＊明治に入り、静岡に隠棲してから生まれた子女

＊数字は徳川宗家の代数

伝統的な趣味に加えて、慶喜が新たに凝ったのが写真と自転車。油絵にも手を染めた。写真は撮られるのも、撮るのも好きだった。

旧幕時代は撮られる方だった。外国人の写真家の被写体によくなっており、ナポレオン三世から贈られたフランス軍の服にブーツという写真も残っている。

静岡に隠棲してからは撮る方に回った。写真のフイルムも進歩し、日本人の写真師について本格的な手ほどきを受けている。

慶喜の撮った写真は数多く残っており、この血を受け継いだのか、曾孫の慶朝氏は昭和の時代にプロのカメラマンを職業とした。

慶朝氏は慶喜の写真を見ると「漂っている静けさを感じる」という。西洋に追いつけという騒がしい時代だったはずなのに、これでいいのだとでも言うように、町の中、屋敷の様子、どこを撮ってもとても穏やかだと当時の慶喜の心境を重ね合わせて想像している。

輸入した自転車も乗り回した。静岡に移住した幕臣は食べていくために刀を鍬に持ち替えて開墾に精を出し、茶の栽培などにも取り組んでいた。その作業の最中に自転車で走る旧主の姿を見て、何を感じたのか。それは必ずしもお元気でいらっしゃるという好意的なものばかりではなかった。ある旧幕臣が嘆息した象徴的な言葉が残っている。

「貴人、情を知らず」

渋沢以外に会わず

旧幕臣が訪ねてきてもほとんど会わなかった。そこで話したことが広がり、あらぬ誤解を招くのを恐れたのである。

ただ渋沢栄一には会った。渋沢は一橋家の当主と家臣だったころからの縁というわけだが、それだけではないだろう。

幕末の京都。将軍後見職だった慶喜は松平春嶽、伊達宗城、島津久光のいわゆる「賢侯」を引きずるようにして中川宮（青蓮院宮、獅子王院宮）のところに連れて行き、なぜこの三人を信用するのか、「お台所を薩摩にお任せあるからか」と啖呵を切った。

この頃の慶喜の「お台所」は経済人として屹立している渋沢が面倒を見ていた。

何しろ慶喜はまだ家達の「かかりうど」（居候）だったのである、

家達から決まった額が定期的に支給される「定例御廻金」（定額金）が家政の柱で、必要に応じて「臨時御廻金」（一時金）も出たが、時に冗費（無駄な費用）を省くように勧告を受けている。

これだけで足りるものでもなく、渋沢は慶喜の資産を株に投資したり、銀行で運用したりして支えている。儲けが出ればすべて渡し、損が出れば自分が穴埋めしていたという。

慶喜の孫の榊原喜佐子によると、家令（家老に当たる）の古沢秀弥は渋沢の話が出ると「渋沢のご恩をお忘れになってはいけません」と必ず言い添えた。

あらぬ世評の流布を警戒していた慶喜は、自分の口から出る言葉だけでなく、入れるものも警戒した。外部で出されたものにはまず手をつけなかったことが知られている。これは武家社会では身分の高い者の心得で、明治になっても続けていただけのことである。

慶喜の「食」で有名な話に、大阪の砲兵工廠に行った際、アルミニウムの飯盒《はんごう》を作っているのに興味を持ち、アルミは身体に悪いといけないので、東京から銀塊を送り、これで飯盒を作ってもらって愛用したというものがある。

正史とも言うべき「徳川慶喜公伝」にもこのくだりがあり、子孫の回顧にもしばしば登場するが、少なくともこの「銀の飯盒」でずっと米を炊いて食べていたというのは怪しいようである。

慶喜の侍女で、身の回りの世話をした小島いと（旗本の遠藤新六郎の孫）がきっぱりと否定している。「あれは御前が麻布の三連隊にいらした時、頂戴してきたごく普通の兵隊さん用のアルミ製飯盒でした。それであたくしが毎日ご飯をお炊きしたのですから、間違いありません」と明快。いと女は「銀の飯盒で召しあがった方が前将軍の〝お上〟らしくて面白うございますけどね」と付け加えている。

滅ぼした人と興した人

慶喜の家達への気遣いは相当なものだった。

慶喜の孫に当たる大河内富士子は機微にわたる話を残してくれている。大河内家は「知恵伊豆」の松平信綱が出た大河内松平家。

ある旧大名家の例会で、早く着いた慶喜がいつものように正面床の間の真ん中に座って話をしていた。そこに家達が入ってきて「おや、私の座るところがない」と言った。とたんに慶喜は隣の座布団に移った。

それ以来、どこも二人を一緒に招くことはなくなったという。

富士子の母ら、つまり慶喜の娘は家達の「千駄ヶ谷邸」に預けられて東京の学校に通っており、家達が時に「慶喜さんは徳川を滅ぼした人、私は徳川をまた興した人」と言っていたのを聞いている。

家達の孫の松平豊子（十八代当主の恒孝《つねなり》氏の生母）も「世間で十六代様と呼ばれるのを嫌われて、私は新しい徳川家の一代目なのだと言われた」と書き残している。

慶喜の娘は家達には従順であるようにと厳しく申し渡されていたという。

この「滅ぼした人、興した人」の家達の言葉は慶喜の子孫には悔しさもまじって染みついていたらしい。多少、表現は違うが、いろいろな回顧に出てくる。

恐らく座敷のひだまりだろう、慶喜が女児を包むように抱いている写真が残っている。大正二年（一九一三）二月七日、これが最後の写真だったと思われる。

この女児は一歳になったばかりの慶喜の孫で、成長して高松宮家に嫁いだ喜久子妃である。谷中の慶喜の墓所には喜久子妃による歌碑がある。

抱かれし　祖父が心を　百とせの
今日ぞしづかに　思いみるかな

その喜久子妃が家達が死去した昭和十五年（一九四〇）六月五日、最後のお別れに「千駄ヶ谷邸」に出向いた。お顔を拝見したら、あまりにも怖い顔をしているので、気が動転し、口しめしなどもできず、ただお辞儀だけして帰ってきた。

この時のことを喜久子妃は「おそらく最後がお苦しかったためだろうが、私としては『徳川を滅ぼした』者の孫だというので睨み据えられたような気がしないでもなかった」と茶目っ気を交えて語っている。

官位復活、「一位様」

そんな肩身の狭さはあったが、慶喜の官位は徐々に復活していく。明治五年に従四位、十三年には正二位と将軍時代と同じになった。ついで二十一年には従一位になる。

この時、家達はまだ正三位だった。慶喜邸では誇らしげに「一位様」「一位様」と慶喜を呼んだ。嬉しさ半分、うっぷん晴らし半分である。

明治二十一年、代官屋敷の近くを東海道線が通ることになり、騒がしさを嫌って西草深町に新邸をつくる。

既に維新から二十年以上である。当然、東京に出てはどうかとの声もあがるが、慶喜は動かない。それは後見人的な存在になっている勝海舟への配慮でもあった。

渋沢は不満だった。「私は勝伯が余り慶喜公を押し込めるようにせられて居ったのに対し、快く思わなかったもので、伯とは生前頻繁に往来しなかった」とはっきり言っている。勝にして見れば、慶喜に傷をつけたくないと思う余り、静岡での閑居を望んでいたのだろうが、世間では勝、あるいは勝と家達の差し金と見る向きも多かった。

慶喜が東京に出てきて、大政奉還の頃の深謀遠慮を語り始めると、勝の手柄とされている江戸の無血開城の金箔がはげてしまうからだという見方もあった。

渋沢もこの見方を引き合いに出したうえで「まさか勝ともあろう御人が、そんな卑しい考えを持たれようはずがない」とわざわざ言っている。そのこと自体、実はそう疑っていたことを示している。

慶喜が東京に出向いたことが全くないというわけではない。正室の美賀子が東京で死去した際も駆けつけている。

美賀子は静岡で乳がんの手術をして病後を養っていたが、明治二十七年五月十九日、上京して診察、治療を受けた。七月九日、慶喜は写真の撮影に行っていた焼津あたりで容体が深刻との電報に接し、焼津発午後四時五十二分の汽車に乗り、午後十一時半過ぎ、美賀子のいた家達の「千駄ヶ谷邸」に着くが、間に合わなかった。

ただしこの時ですら十日の入棺を見届けると、十一日には静岡に帰ってしまう。東京にいるのはできるだけ避けるという意思が続いている。

東京移住、皇居へ

しかし美賀子の不幸もあって、さすがにこの頃から東京への移住が日程にのぼり始めた。やがて還暦も過ぎ、維新から三十年の節目の明治三十年（一八九七）、静岡を離れて当時は東京の郊外の巣鴨（北豊島郡巣鴨一丁目）に居を据えた。

ところが、またまた鉄道の騒音を嫌って転居することになる。静岡の東海道線に続いて、今度は近くを山手線が通ることになり、明治三十四年、「小日向邸」（小石川小日向第六天町五十四番地）に移った。

この間、明治天皇は皇居に慶喜を招き、美子皇后が手ずから慶喜にお酌してもてなした。皇后は旧幕時代に慶喜といったんは婚約した一条家の照姫の実の妹であり、後に今出川家から一条家の養女となって慶喜に嫁いだ美賀子の義理の妹である。

慶喜との交歓の後、天皇が伊藤博文に「やっと罪滅ぼしができたよ。何しろあっちが持っていた天下をこっちが奪ったのだからな」と語ったとして、この言葉がほほえましく流布した。

やがて「麝香間祗《じやこうのまし》候《こう》」となる。旧公卿、大名家族、維新の功労者、親任官らの宮中席次、待遇を優遇する名誉の資格である。

明治三十五年には一気に公爵となり、「慶喜家」（徳川宗家別家）の創設を許される。この授爵は西南戦争で新政府に叛旗を翻し、賊軍の首魁とされた西郷隆盛の遺児である寅太郎に侯爵を与えたのといわばバーターである。

これで慶喜は家達から名実ともに独立できた。

慶喜の娘の糸子はその日、預けられていた「千駄ヶ谷邸」の老女に「今日、慶喜様が公爵を賜りました。そこで只今よりあなた様方にもお座布団が出ますので、お義兄様（家達）にお礼を申し上げ遊ばせ」と言われた。

糸子は「本当にいやな気がしましたよ。今までは何とも気付かなかったけれど、罪人の子かなんかみたいに見られていたのかしらって、涙が出ました」と振り返っている。

島津家と相次ぎ婚姻

慶喜は表舞台に出て、宮中の儀式にも参列するようになった。

明治の末には薩摩島津家の当主にも宮中で顔を合わせた。島津家も維新の際の忠義（久光の実子、斉彬の養子）から久光の孫に当たる忠重の代になっていた。家達が引き合わせ、「これが島津忠義の実子で忠重といい、現在、島津家の当主です」と紹介した。

慶喜は「ああそうですか」と言葉少なかったという。

忠重は慶喜の印象を、割合に小柄な人で、既に老齢であり、あまり元気がなく、ほとんど口もきかぬ温厚な人物のように見受けられたとしたうえで、「私を見入ってのかつての十五代将軍の目は曇ってきたかのようにも感ぜられ、言葉少ないだけに、感慨無量という風に私の目には映った」と評している。

幕末の京都での慶喜にとって長州は最初から敵だった。しかし薩摩は最初は幕府と組んで長州を追い落としたりしていたのに、いつの間にかその長州と組んで倒幕に動いた。薩摩への思いは長州に比べて複雑だっただろう。とっさの出会いで言葉少なだったのもここからきているのかも知れない。

これが慶喜と忠重の最初で最後の出会いだった。

ただ徳川家と島津家の婚姻上の「和解」は忠義の多くの娘によって次々に進む。家達の嫡子、つまり徳川宗家の十七代家正には忠義の十女正子《なおこ》が嫁ぐ。これは島津家から十三代将軍家定の御台所になった天璋院の遺志によるものだった。

　正子の嫁入り道具は立派なものだった。しかし「丸に十字」の島津家の家紋が付いているのを近衛家から来ていた姑の泰子（家達の妻）が嫌い、ずっと蔵にしまわれたままで、正子が持参した簞笥などを使ったのは泰子が死去してからだったという。

　忠義の五女知子は御三卿だった田安徳川家の達孝《さとたか》に、十一女為子は御三家だった紀州徳川家の頼貞に輿入れする。

　江戸時代、島津家は徳川将軍家に二人の御台所を出し、徳川家も八代将軍吉宗の養女と一橋家の娘を島津家の正室に送り込んでおり、これで旧幕時代に匹敵する姻戚関係を結ぶことになる。

牡丹切って気の衰えし

　晩年になっても、慶喜が大政奉還の時の心情などを話すことはなかった。が、言動の節々にそれを窺う人々はいた。

　有名なのは高浜虚子が蕪村の句を披露した時の慶喜の反応である。

虚子は侯爵の鳥取池田家に招かれた席で、慶喜に会った。当主の仲博《なかひろ》は慶喜の五男である。

虚子が蕪村の

　　牡丹切つて　気の衰へし　夕哉《ゆうべかな》

の解釈をすると、慶喜は「なるほどよく情を尽くした、いかにも面白い句ですね」と切り出し、言葉を続けた。

「切ろう切ろうと思いながらも、切りかねていたのを、終に思い切って切った。そこでがっかりしたような気の衰えを感じたという意味になるのでしょうな。ただ夕暮れに思い立って切ったというのではなくて、朝から切ろう切ろうと思っていたのを、夕暮れになって漸く思い切って切ったという。そこの心持ちが面白い」

首をかしげて詠嘆していたという。

実はこの後、慶喜も勧められて自作を披露した。が、月並みな出来だった。

そこで虚子が

我為めの　五月晴とぞ　なりにける

と添削して、小さな文字で紙に書いた。

慶喜は眼鏡をかけていなかったので、後継ぎの慶久が紙を手にし、声に出して詠んだ。

が、今度は慶喜、目をつぶったままで何も言わない。同席の者がこの句をあれこれ吟味したが、最後まで目をつぶったままで一言も発しなかった。

いいとも悪いとも言わない、納得がいかなくても口に出さないという意思の示しようが慶喜にはあったようである。

虚子は「将軍様の面影は百巻の歴史を猟るよりもより以上の維新史の或物を私に物語ったのであった」と述懐している。

自動車に乗った晩年

「旧幕」を、「徳川」を、そして「江戸」を代表するような言辞や行動を避け続けてきた慶喜だが、明治四十四年（一九一一）には歴史に残る行為を一つだけした。

ちょうど日本橋が架け替えられた時で、「維新の際、江戸が戦火を免れたのは慶喜公のおかげ。お江戸日本橋の象徴の題字は慶喜公に書いて頂こう」ということになった。橋の装飾を担当した妻木頼黄《よりなか》は旧幕臣の家の生まれで、慶喜に頼み込み、引き受けてもらった。それが慶喜が今に残した橋の題字である。

最後の楽しみは自動車だった。

有栖川宮威仁《たけひと》親王が欧州を旅行し、その土産として慶喜に贈ったといわれる。威仁親王は戊辰戦争で東征大総督として江戸に攻め上ってきた熾仁《たるひと》親王の弟で、有栖川家を継いだ。日本で最も早い個人としての自動車の保有者の一人として知られている。

慶喜がもらった車種はダイムラー。慶喜家としては手が出なかったと思われ、それだけに新しもの好きの慶喜の心は弾んだ。自動車にどんどん乗って親族や宮家の屋敷を回り、汽車を利用する際も新橋駅まで走らせている。

静岡での隠遁生活を自転車で始め、東京で復権した最後は自動車。慶喜らしい最晩年である。

その後も連日、大弓を引く壮健な日々が続いたが、「日本橋」の題字が掲げられた二年後、七十七歳を一期として死去する。時代は明治を越え、大正になっていた。

あとがき

この本で取り上げたのは「知ってる人は知ってる話」である。

ということは知らない人も多いということでもある。

そういう人のために時代の背景や制度の意味などを分かりやすく書くことを心掛けた。時折、文中に歴史の「豆知識」的なものが出てきて、話の腰を折ったり、「閑話休題」と書かなくてはいけないところがあるのはこのためである。

さて問題は「知ってる人」である。

こういう人のためには〝事件〟のその後の展開などを追って、知ってる人が「知らない話」を入れるように努めた。

おのずとそれには限界があり、そうした場合は日記や手紙などの原典に当たって、当時の声を拾ったり、巷間、伝えられているのとは違う解釈も探して併記した。

当然、これも浅学の筆者が全てを自らやるのは不可能で、先学の研究に頼り、参考にするだけでなく、時には引用させて頂いた。深く感謝したい。

この本は文藝春秋監査役の鈴木洋嗣氏のお勧めを得て、新書編集部長の前島篤志氏が仕切り、前作の「遊王　徳川家斉」に続き織田甫氏が担当して、仕上げて頂いた。

いつもながら校閲の方の微に入り細を穿った指摘がなければ、出来上がらなかっただろう。記してお礼を申し上げる。

令和四年七月

著者

《主な参考図書・論文・図録等》

（全般）

徳川実紀　新訂増補国史大系　吉川弘文館　１９８２

続徳川実紀　新訂増補国史大系　吉川弘文館　１９８２

徳川諸家系譜　続群書類従完成会　１９７０

寛政重修諸家譜　続群書類従完成会　１９６５

江戸幕府役職集成　笹間良彦　雄山閣出版　１９６５

江戸幕府旗本人名事典　小川恭一編著　原書房　１９８９

武士の生活　進士慶幹編　「生活史叢書」　雄山閣　１９８１

御家人の生活　高柳金芳　「生活史叢書」　雄山閣　１９８２

読史備要　東京大学史料編纂所編　講談社　１９６６

日本史総覧　小西四郎、児玉幸多、竹内理三監修　新人物往来社　１９８８

（第一章）

「井上家所蔵文書」　棚倉町史第三巻所収　棚倉町町史編さん室　１９７７

「棚倉藩」　守谷早苗　「歴史と旅」所収　秋田書店　１９９２

「棚倉藩・不首尾大名の左遷地」　石堂秀夫　「歴史と旅」所収　秋田書店　1995
浮世の有様　矢野太郎編　「国史叢書」　国史研究会　1917
関ケ原敗将復活への道　二木謙一編著　SBクリエイティブ　2016
ある訪問　田山花袋　棚倉町教育委員会　1982

（第二章）
「高取城の備え」　海津栄太郎　「大和高取城」所収　城郭談話会　2001
「天誅組大和日記」　半田門吉　1896　（河内長野市HP）
徳川家臣団の系図　菊地浩之　KADOKAWA　2020
お殿様たちの出世　山本博文　新潮社　2007
徳川一族　清水昇、川口素生　新紀元社　2008
徳川将軍家・松平一族のすべて　新人物往来社　2010
天誅と新選組　野口武彦　新潮社　2009
大坂の陣　二木謙一　中央公論社　1983
甲賀と伊賀のみち　砂鉄のみちほか　司馬遼太郎　「街道をゆく 7」　朝日新聞社　1979

（第三章）
「森家先代実録」　岡山県史第二十五巻津山藩文書所収　岡山県史編纂委員会　1981

赤穂義士資料大成　鍋田晶山「赤穂義人纂書」日本シェル出版　１９７５
赤穂義士史料　中央義士会編　新人物往来社　１９８４
遺言　大谷霊泉編　洛陽堂　１９１９
赤穂義士の戸籍調べ　醍醐恵端　二松堂書店　１９２０
輝く三義士　高木正三生　薇人社　１９３６
元禄四十七士の光と影　中島康夫　青春出版社　１９９９
元禄快挙録　福本日南　岩波書店　１９４０
復讐　熊代照夫　東京新聞出版局　１９８０
赤穂四十六士論　田原嗣郎　吉川弘文館　１９７８
赤穂浪士と吉良邸討入り　谷口眞子　吉川弘文館　２０１３
犬と鷹の江戸時代　根崎光男　吉川弘文館　２０１６
藩儒村上氏　文久事件・高野の仇討　赤穂市立歴史博物館　２０１７
伊勢屋稲荷に犬の糞　江戸の町は犬だらけ　仁科邦男　草思社　２０１６
森家の討ち入り　諸田玲子　講談社　２０１７

（第四章）
福知山市史第二巻近世篇　福知山市史編さん委員会　１９８２
夜久野町史第四巻通史編　夜久野町史編纂室　２０１３

「慶安元年の丹波福知山城主稲葉紀通自決事件に関する一考察」 白峰旬
「別府大学紀要」所収　2008
江戸大名の本家と分家　野口朋隆　吉川弘文館　2011
おかしな大名たち　神坂次郎　中央公論社　1990

（第五章）
松本藩　田中薫　現代書館　2007
名門水野家の復活　福留真紀　新潮社　2018
貞享騒動余話　赤羽はくの　非売品　1986
切腹　山本博文　光文社　2003
田沼意次の時代　大石慎三郎　岩波書店　1991
旗本・御家人の就職事情　山本英貴　吉川弘文館　2015
崩れゆく鎖国　賀川隆行　「日本の歴史」第一十四巻　集英社　1992

（第六章）
松平大和守日記　鈴木鉀三編　村上古文書刊行会　1989
「『大和守日記』家康ひ孫大名の生活と人生」　長尾正和
「歴研よこはま」所収　横浜歴史研究会　2018

「松平直矩と村上―『松平大和守日記』を読む―」　板垣俊一
「新潟の生活文化」所収　新潟県生活文化研究会　２００１
川越藩　重田正夫　現代書館　２０１５
江戸大名のお引っ越し　白峰旬　新人物往来社　２０１０
大名と庶民の街道物語　新人物往来社　２００９
引っ越し大名　松平大和守家　松平直孝、庭野剛治　上毛新聞社　２０２１
お殿様の人事異動　安藤優一郎　日本経済新聞出版社　２０２０
黒船来航と川越藩　川越市立博物館　１９９８
大名行列　描かれた松平大和守家の行列　川越市立博物館　２００８
引っ越し大名三千里　土橋章宏　角川春樹事務所　２０１６
引越し大名の笑い　杉本苑子　講談社　１９９１
土芥寇讎記　「江戸史料叢書」人物往来社　１９６７

（第七章）
「高家の話」　大沢基輔　柴田宵曲編　「幕末の武家」所収　青蛙房　１９６５
華族　小田部雄次　中央公論新社　２００６
華族誕生　浅見雅男　リブロポート　１９９４
華族　「歴史読本」編集部編　ＫＡＤＯＫＡＷＡ　２０１５

江戸三百藩「城と陣屋」総覧　三浦正幸監修　学研プラス　２０１３

（第八章）

「明治元年」　塚原渋柿　「幕末の武家」所収　青蛙房　１９６５

「小普請の軍事的再編と静岡藩勤番組への帰着」　樋口雄彦
「国立民俗博物館研究報告」所収　２００６

静岡藩ヒストリー　樋口雄彦　静岡新聞社　２０１７

江戸の旗本事典　小川恭一　講談社　２００３

江戸幕府の御家人　戸森麻衣子　東京堂出版　２０２１

江戸の政権交代と武家屋敷　岩本馨　吉川弘文館　２０１２

徳川慶喜公伝　渋沢栄一　「東洋文庫」　平凡社　１９６７

聞き書き　徳川慶喜残照　遠藤幸威　朝日新聞社　１９８２

徳川慶喜と渋沢栄一　安藤優一郎　日本経済新聞出版　２０１２

晩年の徳川慶喜　比屋根かをる　新人物往来社　１９９７

微笑む慶喜　戸張裕子　草思社　２０１３

慶喜のカリスマ　野口武彦　講談社　２０１３

徳川慶喜とそれからの一族　佐藤朝泰　立風書房　１９９８

菊と葵のものがたり　高松宮妃喜久子　中央公論社　１９９８

主な参考図書・論文・図録等

春は昔　徳川宗家に生まれて　松平豊子　文藝春秋　２０１０

徳川慶喜家の子ども部屋　榊原喜佐子　草思社　１９９６

徳川慶喜家にようこそ　徳川慶朝　集英社　１９９７

徳川慶喜家カメラマン二代目　徳川慶朝　角川書店　２００７

徳川慶喜家　最後の家令　松戸市戸定歴史館　２０１０

炉辺南国記　島津忠重　島津出版会　１９８３

岡崎守恭（おかざき　もりやす）

1951年東京都生まれ。早稲田大学人文学科卒業。日本経済新聞社で北京支局長、政治部長、編集局長（大阪本社）などを歴任した。歴史エッセイストとして、国内政治、日本歴史、現代中国をテーマに執筆、講演。著書に『自民党秘史』（講談社現代新書）、『墓が語る江戸の真実』（新潮新書）、『遊王　徳川家斉』（文春新書）がある。

文春新書

1374

大名《だいみよう》左《さ》遷《せん》

2022年8月20日　第1刷発行

著　者　　岡　崎　守　恭
発行者　　大　松　芳　男
発行所　株式会社　文　藝　春　秋

〒102-8008　東京都千代田区紀尾井町3-23
電話（03）3265-1211（代表）

印刷所　　理　想　社
付物印刷　　大　日　本　印　刷
製本所　　大　口　製　本

定価はカバーに表示してあります。
万一、落丁・乱丁の場合は小社製作部宛お送り下さい。
送料小社負担でお取替え致します。

ISBN978-4-16-661374-8